La libertad no es gratis

La libertad no es gratis
Mi transición del dolor al propósito

Katrina Harris

ISBN de Ebook: 978-1-964014-15-9
ISBN de tapa blanda: 978-1-964014-13-5
ISBN de tapa dura: 978-1-964014-14-2

Diseño de portada: Anton Khodakovsky, bookcoversforall.com.

Este libro está dedicado a mis latidos, mis bebés de siempre: Jr, Kenneth, Shaniqua y Janae. Son mis mayores bendiciones y, sin ustedes, yo no existiría. Gracias a ustedes, elegí vivir y no rendirme ante la vida. Ustedes han pasado por mucha angustia y dolor que estaba fuera de su control, ¡PERO FUE DIOS! Fue gracias a Su gracia que seguimos aquí.
Gracias por impulsarme a ser mejor.

Índice

Introducción

E stábamos librando una guerra contra un enemigo que no podíamos ver.

Esa era una de las tres cosas que sabíamos con certeza. Las otras dos eran que la gente se estaba enfermando como nunca antes y que se estaban muriendo en cantidades sin precedentes.

El Covid-19 nos tenía a todos trabajando en alerta máxima en el hospital desde el momento en que entrábamos por la puerta hasta que volvíamos a salir. Tenía que llevar una mascarilla N95, guantes y equipo de protección para hacer mi trabajo de enlace clínico. Pasaba de una persona a otra, entablando relaciones con ellas, convirtiéndome en su socio de confianza mientras averiguaban qué era lo mejor para sus seres queridos, cuando nadie sabía a ciencia cierta qué significaba "lo mejor".

En tiempos normales, mantenía conversaciones en persona. Me sentaba lo suficientemente cerca como para poner una mano tranquilizadora en el brazo de una persona y proporcionarle contacto humano mientras se enfrentaba a una toma de decisiones bajo emociones incómodas o preocupantes.

Pero los tiempos no eran normales. Yo seguía siendo el primer punto de contacto para los familiares. Sin embargo, hablaba con ellos por teléfono, estableciendo contacto visual a través de una ventanilla mientras les explicaba la situación de sus seres queridos y cuáles eran sus opciones. Si el enfermo tenía suerte y seguía con vida, informaba a los familiares de que había que trasladarlo a otro centro. Que tenía que ir a un lugar donde le retiraran el oxígeno o el respirador o donde le administraran antibióticos por vía intravenosa. Si no tenían suerte, bueno, había que planificar un funeral.

La N95 y el equipo de protección pueden haberme ayudado a evitar el virus. Pero nada me protegió de las consecuencias emocionales. La muerte me rodeaba mientras hablaba con personas que tenían que tomar decisiones que nunca habían esperado tomar. Hablé con hijos que quizá nunca volverían a ver a sus padres con vida y con parejas que me hacían preguntas sin respuesta, como: "Llevábamos tanto tiempo casados. ¿Qué voy a hacer sin él/ella?". Lo peor era cuando tenía que hablar con madres llorosas que solo querían saber por qué Dios se llevaba a sus bebés.

Yo tenía mis propias preguntas para Dios.

Dios me salvó dos veces. Una vez fue cuando me enviaron a la cárcel, y la otra cuando sobreviví a un aneurisma. Sin embargo, allí estaba yo, en la primera línea del campo de la medicina, viendo morir a gente a diestro y siniestro, mientras yo me encontraba entre ellos en perfecto estado de salud. Dios parecía estar salvándome de nuevo. ¿Por qué?

Luché con esa pregunta durante toda la pandemia. Durante mucho, no tuve tiempo de callarme lo suficiente para escuchar la respuesta de Dios. Todos los días me preparaba para ir al hospital, y varias horas después volvía a casa y básicamente me descontaminaba. Como durante tanto tiempo nadie tenía respuestas reales, llamaba a casa cuando estaba de camino para que todos supieran que debían meterse a sus habitaciones y no estar cerca de mí hasta después de ducharme. En casa, me desnudaba en el garaje, dejaba la ropa fuera y corría desnuda a la ducha para proteger a todos, especialmente a mi hija, que tiene una discapacidad. Aunque, sinceramente, si sentía que en el hospital me acercaba demasiado a una situación riesgosa en la que terminaba dudando sobre lo limpia que estaba, volvía a casa en sujetador y con la blusa en la parte de atrás del auto.

Esos largos días significaban que no tenía mucho tiempo para estar con mi familia. A menudo, después de ducharme y comer, me desplomaba en la cama, agotada, sabiendo que a la mañana siguiente tendría que levantarme mucho antes de lo que me gustaría. No quería protestar. Sabía que no éramos los más duros. Veía las noticias de madrugada y comprobaba que la situación era mucho peor en grandes ciudades como Nueva York en comparación a Dallas. Se me saltaban las lágrimas y me venían más preguntas para Dios.

¿Por qué, Dios? ¿Qué está pasando? ¿Qué intentas decirnos?

El estrés se hizo insoportable. Tenía pesadillas. Caí en una depresión. No puedo agradecer lo suficiente a mi marido porque me hizo darme cuenta de que necesitaba tomarme un descanso y aclarar mi mente. Sabía que tenía razón. No sería capaz de ayudar a nadie más en el estado en el que me encontraba. Así que cuando me dijo: "Haz las maletas. Te llevaré a casa", le hice caso.

Pusimos música de la vieja escuela durante las nueve horas que duró el viaje de Dallas a El Paso. Sin mascarillas ni ningún otro recordatorio constante de lo que estaba ocurriendo fuera del auto, dejamos que esos *Oldies but Goodies* (clásicos musicales) nos quitaran el estrés capa a capa, canción a canción. Cuando llegamos a casa de mi madre, al lugar que yo llamo mi santuario, estaba lista para dejarme curar.

Mi madre, como alguien en sintonía con el concepto de la energía y en la forma como la tierra puede sanar, preparó su casa con mucho cuidado.

Entrar en ella es como estar en un balneario. No puedes sentir energía negativa cuando estás en su casa. El lugar era exactamente lo que necesitaba, y mi madre me cuidaba como lo hacen las buenas: cocinaba, escuchaba y calmaba. Me sentaba a sus pies y me aseguraba que estaría bien, que todo iría bien. Y me sentaba en su silla de masajes, donde por fin podía liberar el dolor emocional que me desgarraba por dentro.

Solo estuvimos fuera un par de días, pero fue tiempo suficiente para que volviera a Dallas restablecida. Volví al trabajo más fuerte y sana. Y mi mente se había despejado tanto que podía oír de nuevo aquellas preguntas. Parecían más fuertes que nunca.

¿Por qué estaba aquí? ¿Aquí, después de todo lo que había pasado?

Pocas personas sabían cómo había sido mi vida antes de conocer a mi tercer marido y casarme con él. Solo conocían la época actual de mi vida: la mujer feliz y exitosa, que parecía tenerlo todo en una vida bendecida. Ninguno de ellos conocía mi verdadera historia.

¿Pero qué sentido tenía vivir la vida que tenía si solo iba a mantenerla en secreto? ¿Por qué pasé por todo lo que pasé, con Dios cuidándome y asegurándose de que saliera del otro lado, solo para guardar silencio sobre mi viaje?

Esa cita de Myles Munroe seguía viniendo a mí:

> *El cementerio es el lugar más rico de la Tierra, porque es allí donde encontrarás todas las esperanzas y los sueños que nunca se cumplieron, los libros que nunca se escribieron, las canciones que nunca se cantaron, los inventos que nunca se compartieron, las curas que nunca se descubrieron, todo porque alguien tenía demasiado miedo de dar ese primer paso, seguir con el problema o decidirse a llevar a cabo su sueño.*

Mientras tanto, veía a mi alrededor pruebas de personas que morían con sus sueños aún dentro, con sus propósitos e inspiraciones incumplidos escondidos en lo más profundo. Todos tenemos un límite de tiempo en esta Tierra. Nunca sabemos cuándo será, pero todos tenemos una fecha de caducidad. Sabía que, obviamente, eso me incluía a mí, alguien a quien Dios había mantenido con vida más de una vez a través de situaciones en las que otros habían muerto.

Así que tuve que preguntarme: ¿iba a ser yo otra persona que moriría con su historia secreta enterrada junto con ella? Yo era la prueba fehaciente de que cualquiera podía superar la adversidad. ¿Iba a caminar en mi propósito e inspirar a otros a hacer lo mismo? ¿O iba a quedarme callada?

Comprendí que Dios me mantenía con vida por una razón. Quería que contara mi historia. Quería que la utilizara para ayudar a los demás, para inspirarles a que no se rindieran, fuera cual fuera su situación. Me di cuenta de que si podía cambiar solo a una persona, sería razón suficiente para arriesgarme a contarlo todo.

Pero había una trampa: Tenía que pagar por la libertad de contar mi historia.

Ese pago vino en forma de valentía. Tenía que ser lo bastante valiente para hacerlo.

El día que salí de la cárcel, pensé que era libre para vivir mi vida como quisiera.

Pero en realidad no era libre.

El día que caminé penosamente por el barro de un cementerio de Luisiana para enterrar a mi primer marido, pensé que por fin me había librado del control que ejercía sobre mí, de la angustia mental por todo lo que me había hecho a mí y a mis hijos.

Pero aún no era libre.

La verdadera libertad significa poder contar mi historia sin preocuparme de que me juzguen o de lo que piensen de mí.

La verdadera libertad significa que puedo mirarme en el espejo y ver al ser humano digno que soy en lugar de una desertora de la escuela secundaria; en realidad, una desertora de noveno grado y ex convicta.

La verdadera libertad significa liberarme de los sentimientos de inutilidad y miedo para poder salir al mundo con confianza y compartirme abierta y honestamente de la manera que Dios quiere que lo haga.

Ese tipo de libertad requiere el valor de ser vulnerable.

Ahora tengo ese valor. Y sé que Dios me ha mantenido viva tres veces para que pueda contar mi historia con la esperanza de inspirar a otras mujeres a encontrar su propia libertad. Porque, al fin y al cabo, creo que todo el mundo acaba en algún tipo de prisión, ya sea en su mente o en una cárcel literal. Y el único que puede sacarnos de ahí es nosotros mismos.

La única persona que puede romper nuestras cadenas es nosotros mismos. Yo tuve que romper las mías. Tú tienes que romper las tuyas.

Y puedes hacerlo.

Confía en mí. Si yo puedo hacerlo, tú también puedes.

Esta es mi historia.

Parte 1
El cuento de hadas

Capítulo 1
Mi normalidad

O ye, mocosa. ¿Qué tal estuvo el colegio hoy?

—¡Genial! ¿Quieres ver mis notas?

No todos los niños de seis años se emocionarían por enseñarle el boletín de notas a su padre, pero el día del boletín de notas era el día de paga para mi hermano y para mí en 1982. Por cada sobresaliente, nos daban diez dólares. Por un notable nos daban cinco dólares. La educación era importante para mis padres, sobre todo para mi madre, que la veía como un factor que marcaba la diferencia: los que recibían una buena educación acababan teniendo una mejor vida que los que no. Lo que más quería mi madre para mí era que tuviera una vida mejor que la suya.

Lo que sé ahora es que "una vida mejor" tiene numerosos significados. Por ejemplo, cuando era muy joven, se podía decir que tenía una vida estupenda. Nuestra familia parecía normal desde fuera. Teníamos una cómoda casa de clase media que mi madre mantenía impecable. Hacíamos viajes familiares a Rhode Island para visitar a la familia de mi padre, que vivía en la costa este. Acampábamos en la naturaleza. Siempre teníamos la barriga llena, ropa limpia y educación.

Yo incluso era una princesa. Así me veía mi padre. Por las mañanas me preparaba los mejores huevos del mundo. Por las tardes, me sentaba en su regazo mientras veíamos juntos la tele y las películas. Y por la noche me arropaba diciéndome lo mucho que me quería. Me llevaba de paseo y me presentaba a sus artistas favoritos: Rolls Royce, Al Green, Smokey Robinson, Lionel Richie y The Commodores.

Íbamos al parque, los dos solos, o a tomar un helado, y me aseguraba que yo era su chica favorita. Incluso cantaba aquella canción de los Manhattans, *"Shining Star"*, y me decía que yo era su estrella brillante, que estaba destinada a brillar.

Desde esa perspectiva, no podía pedir un hombre mejor para ser mi padre. Siempre me sentí segura. Siempre estaba en paz sabiendo que todo iba bien. Tuve una vida de cuento de hadas en la que él me convirtió en una princesita.

Sin embargo, también tenía su lado oscuro.

Mi padre, ya fuera por su época, por su profesión o por ambas cosas, era muy estricto y hacía cumplir sus normas con el cinturón. Nunca sentí el beso urticante del cuero contra mi piel, y nunca fui yo quien recibió su ira, pero mi hermano mayor, Tony, no tuvo tanta suerte.

Si Tony no llegaba a casa a la hora que se encendían las luces, mi padre lo localizaba dondequiera que estuviera jugando y le daba una paliza delante de sus amigos, y luego seguía dándole con ese cinturón hasta la puerta de nuestra casa. Si mi hermano se metía en líos en el colegio, mi padre le amenazaba con ir allá con el cinturón a cuestas, para avergonzarle delante de sus amigos. Creo que a Tony le dolía más la vergüenza que el dolor físico, y mi padre lo sabía.

Mi padre fue programador en el ejército y realizó muchas misiones especiales para la Casa Blanca relacionadas con ordenadores. Lo que sé al respecto es vago: yo era muy pequeña y su trabajo era delicado. ¿Y qué militar comparte su trabajo con sus hijos pequeños? Cuando se jubiló, montó su propia empresa de informática, pero seguía trabajando para el Gobierno.

Siempre fui el ángel perfecto de mi padre, aunque me llamaba Mocosa. De alguna manera, el nombre sonaba cariñoso viniendo de él. Por supuesto, me ayudaba el hecho de que nunca le desafiaba.

Había aprendido de mi hermano lo que no debía hacer, y mi padre nunca me habló con dureza ni me puso la mano encima.

Cuando mi madre, María, tenía doce años, sus hermanas mayores, que ya se habían mudado de México a Estados Unidos, la invitaron a vivir con ellas. En principio, pensaba pasar allí el verano, ganándose dinero para apoyar a la familiá, pero nunca volvió a casa porque las necesidades de la familia eran mayores. Se convirtió en ama de llaves. Siete años más tarde, a los diecinueve, conoció a mi padre. Lo vio tomando fotos en un parque de Las Cruces. El resto, como suele decirse, fue historia... que siempre es más turbia que el cuento de hadas.

Cuando se casaron, los padres de ella la repudiaron por casarse con un negro que no era católico. La unión, tanto racial como culturalmente, iba en contra de sus creencias. Eso sin contar la ironía, ya que mi madre acabó ayudando económicamente a su familia durante toda su vida y ayudó a once miembros de su familia a convertirse en trabajadores legales en Estados Unidos. Al final, esa generosidad triunfó y aceptaron al marido que había elegido.

La hermana de mi madre, mi tía Manuela, y su marido, se mudaron con nosotros durante un tiempo. Mi tía y tío. No tenían hijos y me trataban como si fuera su hija. Nunca fui a la guardería cuando mi madre volvió a la educación, porque mi tía y tío siempre estaban ahí para mí. Mi tía me peinaba y me decía lo guapa que era. Ella y mi tío me llevaban con ellos a hacer las compras y me llevaban a sitios bonitos en la naturaleza o la montaña.

Mis padres se divorciaron cuando yo tenía siete años. Tanto a mi madre como a mi hermano, mi padre les exigía mucho; esperaba perfección y obediencia. Él, en cambio, parecía exento de ciertos votos. Incluso antes del divorcio, era consciente de que algo no iba bien. Papá me llevaba de excursión, y a veces esas excursiones acababan en otras casas, con otras mujeres viviendo en ellas. Recuerdo a una dulce mujer que me compró helado y me dio otras cosas que yo quería. Incluso me hizo una muñeca. Yo no sabía que eran sobornos. Papá siempre me decía que no dijera dónde habíamos estado, esperando que guardara sus secretos. No recuerdo todos los detalles de esos encuentros, pero sí recuerdo el helado.

Y recuerdo las constantes discusiones entre mis padres.

Eran dos personas más que me aseguraban que todo estaba bien en mi mundo, que me querían. Esa sensación de seguridad se extendía más allá de mi casa de la infancia y al otro lado de la frontera, a mi familia extendida en México.

México

Cuando tenía tres años, mi madre empezó a llevarnos a mi hermano y a mí con ella de peregrinación a ver a su familia en México. Íbamos a Zaragoza, donde nos esperaban para trabajar. En esos viajes aprendí a pelar patatas y a preparar la comida. También ayudaba a hacer tacos y a venderlos en un puesto de tacos que mis tías habían montado delante de una iglesia católica del centro. Un taco callejero de lo más auténtico. Pero no todo era trabajo. Después, siempre tocaba jugar y divertirse.

También visitábamos a la familia de mi madre en un rancho de Torreón. Tenían las mejores papas mexicanas y tortillas caseras. Bebíamos Coca-Cola con ellos y pensábamos que era la mejor comida del mundo. Aunque a todos los niños nos encargaban ordeñar las vacas y las cabras y recoger los huevos del gallinero, nunca nos importó. Teníamos mucho tiempo para jugar y ser niños. A menudo jugábamos al kickball o a la lotería, un juego con judías secas, y si ganábamos, nos daban pequeños premios. También montábamos a caballo y, al final de un largo día, formábamos parte de una familia risueña y cariñosa en una gran comida o fiesta.

Solo había dos cosas que mi hermano y yo no apreciábamos mucho en México al principio. Una era que allí teníamos que usar una letrina, cosa que al final no nos importó, porque nos lo estábamos pasando demasiado bien. La otra era que el lugar en Torreón era un rancho de trabajo.

Al haber sido criados como vegetarianos como parte de la fe Adventista del Séptimo Día, adoptada por mi madre, Tony y yo solo veíamos carnes cuando pasábamos al lado de ellas, empaquetadas y alineadas en ordenadas filas, en la tienda de comestibles. En aquel rancho, mis tíos sacrificaban cerdos y vacas para los banquetes familiares a la vista de la casa principal. El espectáculo era devastador y me facilitaba mantener una dieta vegetariana.

Los viajes a México eran importantes para mi madre. Con frecuencia nos recordaba que nos llevaba allí para que nunca olvidáramos de dónde veníamos. "Siempre tendrán familia allí, y nunca quiero que piensen que son mejores que ellos por su vida en Estados Unidos". Así que empacábamos y viajábamos en autobús durante varias horas. Cualquiera diría que lo odiábamos. El viaje en autobús era agotador y cuando por fin llegábamos a casa de nuestro primo, unos diez nos hacinábamos en una casa del tamaño de una cocina americana moderna. Nos calentábamos con un calefactor y nos bañábamos con una manguera. Luego estaba la letrina.

Todo eso era duro viniendo de una vida americana de clase media. Pero nunca nos quejamos. Aprendimos a valorar a nuestra familia. Aprendimos a pasar los mejores momentos de nuestras vidas a pesar de las circunstancias.

Las visitas a México no eran la única forma en la que mi madre permanecía unida a su familia. Los niños no lo sabíamos entonces, pero ella también enviaba dinero para mantenerlos. Como tenía un techo sólido, luz y calefacción, su familia la consideraba rica. Ahora me doy cuenta de que esa es una de las razones por las que mi madre es tan bondadosa. Hasta el día de hoy, viene a limpiar mi casa en busca de ropa, zapatos, bolsos y muebles viejos y en desuso para enviárselos a sus parientes. Así es mi madre: cuida de la gente que quiere.

Cambios

Con el tiempo, además de cuidar de mi hermano y de mí, mi madre trabajó en una compañía aérea. Durante los primeros años de mi infancia, nuestra relación era buena, pero siempre tuve la sensación de que era más dura conmigo que con mi hermano. A veces me pregunto si este prejuicio procedía de su cultura hispana, en la que los hijos suelen ser el tesoro preciado de la madre y a las niñas se les exige más. Pero mientras vivíamos con mi padre, las preferencias se equilibraron: El niño de mamá y la niña de papá. No sentí un vacío hasta que mi padre se fue.

Mis padres se divorciaron cuando yo tenía siete años. Tanto a mi madre como a mi hermano, mi padre les exigía mucho; esperaba perfección y obediencia. Él, en cambio, parecía exento de ciertos votos. Incluso antes del divorcio, era consciente de que algo no iba bien. Mi padre me llevaba de excursión, y a veces esas excursiones acababan en otras casas, con otras mujeres viviendo en ellas. Recuerdo a una dulce mujer que me compró helado y me dio otras cosas que yo quería. Incluso me hizo una muñeca. Yo no sabía que eran sobornos. Papá siempre me decía que no dijera dónde habíamos estado, esperando que guardara sus secretos. No recuerdo todos los detalles de esos encuentros, pero sí recuerdo el helado.

Y recuerdo las constantes discusiones entre mis padres.

Mi madre se enteró de mis encuentros con la Señora de los Helados cuando el gobierno envió a mi padre a Egipto para un proyecto de trabajo. Se había envalentonado en su deslealtad y le había prestado su camioneta a la Señora de los Helados. Ella había hecho una copia de sus llaves, incluida la de la casa. Un día, mientras él no estaba, ella entró con la intención de hablar con mi madre. A mi madre, por supuesto, no le hizo ninguna gracia y le gritó que se fuera.

—Por favor, no le hagas daño —grité—. ¡Es mi amiga!

El hecho de que yo conociera a la mujer fue un punto de ruptura para mi madre. Llevaba tiempo enterada de los engaños de mi padre, pero mi presencia en algunas de esas relaciones, y los regalos de una de esas mujeres, fue demasiado para que ella lo aceptara.

Las consecuencias no se hicieron esperar. Stanley Mack, otro militar que más tarde se convertiría en mi padrastro, entró en escena y se la llevó por delante. Los papeles del divorcio recibieron a mi padre cuando regresó a Estados Unidos.

Sesenta días después de divorciarse, mi madre se volvió a casar. Era 1984. Nos habíamos mudado de casa, pero estábamos a pocas calles de mi padre. Mi hermano y yo pasábamos con él fines de semana de forma alterna. Al principio, él intentó conseguir mi custodia tras el divorcio, pero mi madre insistió en que me quedara con ella. Después de que empezáramos a llamar a nuestro nuevo padrastro *Papi*, mi padre biológico, al que yo seguía llamando *Papá*, se alejó cada vez más de nosotros, si no físicamente, sí emocionalmente. Era de la opinión de que los niños solo tenían una madre y un padre, y él ya no encajaba en ese papel en nuestra familia.

Fue la primera vez que sentí verdadera pena. Mi padre era mi vida. Yo era su niña, su princesa, su mimada. ¿Cómo podía ser tan distante conmigo? No lo entendía. Y me rompió el corazón.

Mi vínculo con mi madre y mi hermano siguió siendo estrecho. Pero tardé varios años en estrechar lazos con papi, mi padrastro. Las cosas cambiaron un poco al vivir en casa con papi. Por un lado, era más indulgente con mi hermano y, por otro, nos introdujo en el mundo de la carne. Como he dicho antes, habíamos sido vegetarianos como parte de nuestras prácticas adventistas del séptimo día. Entonces, un día, mi hermano y yo nos tropezamos con mamá asando costillas a fuego lento para su nuevo marido. Probamos a hurtadillas y todo se acabó. Ahora me encanta la carne. Mi marido y yo incluso tenemos actualmente un restaurante de barbacoa exitoso, donde las costillas figuran en el menú.

Savannah

También tuvimos que mudarnos con papi, de acuerdo con las cambiantes mareas de la vida militar. Nuestra primera mudanza fue a Kansas, donde mi hermano y yo vimos la nieve por primera vez. Luego, cuando yo tenía unos ocho años y seguíamos en Kansas, papi fue destinado a Corea del Sur. Mamá se fue con él y se quedó unos meses, y mi hermano y yo nos fuimos a vivir a Savannah con la familia de papi durante ese año.

La madre de papi era muy estricta. Era la que mandaba, y los correazos eran su método preferido para que los niños se comportaran. Nos correaba tanto que la mayoría de las veces ni siquiera sabíamos para qué servía. Aunque la palabra me da escalofríos ahora, la llamábamos Carcelera por todas sus normas y castigos. A veces mi hermano y yo nos enfadábamos tanto que llamábamos a nuestro padre biológico y le contábamos que nos había pegado. Él se enfadaba y nos decía que iría a buscarnos, pero nunca llegó a nada.

Pero también había puntos positivos. Detrás de nosotros había otra casa donde vivían nuestros nuevos mejores amigos con su abuela. Tenía una pequeña tienda de golosinas. Ver una tienda dedicada por completo a los dulces, y entrar en ella, fue una revelación. En ese momento se convirtió en mi favorita.

El aire libre era nuestro patio de recreo, incluso en los calurosos días de verano. El zumbido de las cigarras era omnipresente y el musgo español caía de los árboles. Siempre se movía ligeramente, aunque no hubiera una brisa evidente. Dicen que Savannah está llena de fantasmas, así que quizá era eso.

También llovía mucho, a veces repentinos chaparrones que despejaban las calles como si por fin hubiera llegado el Rapto. Jugábamos bajo la lluvia, incluso en invierno, cuando hacía frío. La escuela no quedaba lejos y estaba llena de niños normales en lugar de mocosos militares. Íbamos y volvíamos caminando. Si éramos solo mi hermano y yo, nos entreteníamos en el camino de vuelta, jugando con cualquier cosa interesante de la naturaleza o con la gente que encontrábamos. Los pantanos, sobre todo, encerraban misterios que ansiábamos explorar. Siempre existía la posibilidad de ver caimanes y cocodrilos, esas bestias grandes y de aspecto antiguo que parecían haber salido de las páginas de un cuento de hadas, uno de esos que dan miedo, en los que los niños se pierden en el bosque y los árboles se cierran a su alrededor con sus dedos huesudos.

Cuando tenía once años, tía Amanda empezó a llevarme a las quinceañeras, esas hermosas y fastuosas fiestas que celebran las chicas hispanas cuando cumplen quince años para festejar su entrada en la edad adulta.

De repente, me di cuenta del maravilloso mundo de cosas glamurosas que me había estado perdiendo bajo la austera vigilancia de mi madre. Insistía en que no podíamos permitirnos el tiempo y los gastos que suponía asistir a esas grandes fiestas. Por aquel entonces, estaba a la mitad de sus estudios, unos estudios que se tomaba muy en serio porque, aunque podía permitírselos gracias a la ayuda económica de papá, sabía que no podía depender de esa seguridad para siempre. Los hombres podían ir y venir, como ella había comprobado. Así que pensó que era su responsabilidad salir adelante mientras pudiera, para cubrirse las espaldas en caso de que tuviera que ser nuestra única proveedora en el futuro.

Mamá regresó de Corea del Sur y vivió con nosotros en la casa de Savannah en lugar de buscarnos un lugar donde vivir. Era uno de sus esfuerzos por ahorrar dinero. Pero eso significaba que teníamos que seguir viviendo con la Carcelera, que se empeñaba por mantener las restricciones de su fe.

Como adventistas del séptimo día, teníamos que dejar de jugar y de ver la televisión desde que se ponía el sol el viernes hasta que salía el sábado. El sábado, según la Biblia, era el séptimo día en que Dios descansaba y era considerado un día de descanso por los Diez Mandamientos. Así que descansábamos. Un ayuno de veinticuatro horas de distracciones infantiles. Lo odiábamos porque los buenos dibujos animados siempre se emitían los sábados por la mañana.

A pesar de nuestra aversión hacia ello, este condicionamiento se mantuvo porque cuando empecé a escaparme de casa de adolescente, solo lo hacía los sábados por la noche. Por supuesto, los sábados por la noche era cuando se celebraban las mejores fiestas.

Quizá Savannah era otro tipo de ayuno, un momento fuera del tiempo.

La ciudad parecía estar congelada. El calor agobiante y la humedad que te envuelven como una pesada colcha pueden haber tenido algo que ver, o todos los edificios antiguos, o los ecos de una historia llena de dolor y pena. Para mí, fue una desaceleración, una especie de respiro antes de la siguiente fase de mi vida, cuando las cosas se acelerarían.

Nueva familia

Al volver a El Paso, nos enteramos de que nuestro padre biológico tenía alguien nuevo que presentarnos: una mujer con la que pretendía casarse. Tony y yo estábamos en su cortejo nupcial, pero no por eso teníamos una relación fácil con aquella mujer.

Vivían en la misma base militar que nosotros. Vivíamos muy cerca; solo había cinco o seis minutos a pie para visitar a nuestro padre y al gato montés que tenía como mascota... y a su nueva esposa. Me costó mucho aceptarla. Es cierto que a esas alturas mi padre ya había empezado a distanciarse de mí y de mi hermano, pero yo aún tenía la esperanza en mi corazoncito de niña de que algún día me querría de vuelta en su vida. Ahora que ya estaba casado, sentía como si otra persona hubiera ocupado mi lugar de forma permanente.

Otra que tenía un estilo de vida y unas expectativas diferentes de mí.

Era una señora simpática que intentaba vestirme como a una muñeca Barbie y ponerme flores en el pelo, algo que probablemente me habría encantado si lo hubiera hecho mi madre. Pero esta mujer lo hizo de una manera que me hizo sentir que no era lo suficientemente buena tal como era. Me hacía sentir que no estaba a la altura de sus expectativas. A tal punto llegó mi actitud que intentaba evitarla, lo que no le gustó nada a mi padre, que era un fanático de las reglas y el respeto.

Insistió en que Tony y yo la llamáramos *"auntie"* (tía) porque ya teníamos una madre. Exigía que la respetáramos y que hiciéramos lo que ella quisiera. El hecho de que se pusiera de su lado fue como un corte más en la delgada cuerda que ahora nos unía y echó por tierra cualquier esperanza que yo tuviera de recuperar ese lugar especial en su corazón.

Viendo las diferencias

Tenía diez años cuando volvimos a El Paso y empecé a ir a la escuela secundaria el otoño siguiente. Era una estudiante sobresaliente, y aún me preocupaba por el boletín de notas por el que ya no me premiaban. Mi mejor amiga era Tamika. Estábamos juntas en un pequeño grupo de baile y nos quedábamos a dormir en casa de la otra los fines de semana.

Pero la despreocupación de la infancia no duraría mucho más.

Las simples acampadas en el parque de Ruidoso, Nuevo México, justo al otro lado de la frontera con Texas, se convirtieron en viajes para visitar a mi tía y a su hijo. Tía Amanda era increíble y muy divertida, hasta que se enfadaba. Si se enojaba, era mejor que corrieras porque te golpeaba con lo que tuviera más cerca: un matamoscas, un zapato, lo que fuera.

Cuando tenía once años, tía Amanda empezó a llevarme a las quinceañeras, esas hermosas y fastuosas fiestas que celebran las chicas hispanas cuando cumplían quince años para festejar su entrada en la edad adulta.

De repente, me di cuenta del maravilloso mundo de cosas glamurosas que me había estado perdiendo bajo la austera vigilancia de mi madre. Insistía en que no podíamos permitirnos el tiempo y los gastos que suponía asistir a esas grandes fiestas. Por aquel entonces, estaba a mitad de sus estudios, unos estudios que se tomaba muy en serio porque, aunque podía permitírselos gracias a la ayuda económica de papá, sabía que no podía depender de esa seguridad para siempre. Los hombres podían ir y venir, como ella había comprobado. Así que pensó que era su responsabilidad salir adelante mientras pudiera, para cubrirse las espaldas en caso de que tuviera que ser nuestra única proveedora en el futuro.

Los niños, sin embargo, no entienden este tipo de adultez. Tampoco pueden ver los peligros y las consecuencias a largo plazo de su comportamiento. Empecé a crecer deprisa, quizá demasiado deprisa, y comencé a comparar mi vida con la de otras chicas de mi edad. A medida que lo hacía, la distancia y las diferencias entre mi madre y yo, que habían estado latentes desde la infancia, pasaron a primer plano.

El noreste de El Paso es una ciudad militar. Fort Bliss es una de las bases militares más grandes del país, así que la mayoría de la mezcla de niños blancos e hispanos de mi colegio eran del ejército. La zona oeste de la ciudad, donde vivíamos, era un suburbio de jubilados y un puñado de familias jóvenes que habían elegido El Paso como su hogar tras los constantes traslados de una base a otra. Este entorno más estable incluía a mi familia, una familia bien organizada.

Mamá blandía las normas y los horarios como un arma contra las fuerzas invisibles de influencia maligna. Influencias como la de mi prima Julie, a la que consideraba una hermana e idolatraba porque, en su casa sin ley, podía hacer cualquier cosa, ir a cualquier sitio y conocer a cualquiera, y se lo pasaba en grande. Mientras tanto, para mí había un horario que debía seguir desde que me levantaba hasta que me acostaba. Estaba pegado en la puerta de mi habitación: aquí es cuando ves la tele; aquí es cuando lees; aquí es cuando comes. Solo teníamos un pequeño televisor en el casá.

Mi hermano y yo teníamos que elegir por turnos los dibujos animados que queríamos ver, siempre bajo la atenta mirada de nuestra madre.

Parecía moldeada por el mismo patrón militar práctico del que había estado rodeada gran parte de su vida. Era una sirvienta y una educadora, pero también una persona que recibía lo que necesitaba. Cuando mi hermano y yo le pedíamos las mismas cosas que veíamos pedir a nuestros amigos, solicitudes que se dispararon cuando nos convertimos en adolescentes, ella respondía con un rápido y firme no. Para ella: "no podemos permitírnoslo" se traducía como "no lo necesitas".

En nuestra casa, la Navidad no se celebraba un día en concreto; se suponía que era durante todo el año, pero aunque la idea suena fantástica, nunca se tradujo en más regalos. Yo especialmente no podía entender esa mentalidad. Para mí no tenía sentido. Tenía edad suficiente para saber que papá era sargento mayor del ejército y que el dinero no era un problema porque mi madre recibía una pensión alimenticia de mi padre. Cada vez que ella me decía que no, yo iba a preguntarle a mi papá y él me decía: "No. Yo pago la manutención".

Nuestro nuevo padre era un poco blando con el dinero si lo pillábamos en un buen día. Comprobaba si se lo habíamos pedido antes a mamá. Incluso si lo habíamos hecho y ella había dicho que no, solía ceder, sobre todo si le pillábamos poco después de volver a casa de una misión en el campo. Supervisaba camiones cisterna y tenía que abandonar la base durante largos períodos. Cuando volvía, era como si le hubiese tocado la lotería. Nos daba todo lo que queríamos.

Sin embargo, no siempre estaba en casa y, mientras tanto, nuestros amigos, cuyos padres ganaban menos, parecían poder permitirse cosas sin problemas, incluso con un solo progenitor trabajando.

¿Por qué no podíamos tener las cosas bonitas que tenían nuestros amigos? No lo entendía y me sentía estafada. Para colmo, era demasiado joven para trabajar, así que ni siquiera podía ganarme mi propio dinero. Estaba a punto de encontrar una forma alternativa de conseguir las cosas que creía que necesitaba para encajar.

Encajar era importante para mí. No era popular en la escuela. Mi fe me hacía un poco diferente. No podía maquillarme como las demás chicas de mi edad. Y aunque era birracial, parecía negra, con mis labios más carnosos y mi pelo más ensortijado, y no había muchas otras chicas negras entre los hispanos y los blancos de mi colegio. Los otros niños me llamaban labios grandes. Me llamaban negra y se burlaban de mi pelo ensortijado. Me llamaban fea. A los doce, trece y catorce años, cuando tu vida gira en torno a los amigos y el estatus social, esas pesadas palabras te afectan. Se convierten en una carga. Mi autoestima se hundió y pensé que nadie me querría nunca, que nadie me aceptaría como merecedora de estar a su lado.

Ese anhelo de aceptación caló hondo en mí. Mirando atrás, ahora entiendo por qué. Sentía que me habían echado de la vida de mi padre. Me sentía una extraña entre mis compañeros. Todo lo que quería era ser aceptada, sentirme como la parte deseada de un todo.

Aunque el deseo era fuerte en mí, sé que no soy la única que ha luchado por encontrar un lugar al cual pertenecer. Ocurre a menudo, sobre todo con las chicas jóvenes. Solo queremos ser aceptadas por los demás. Lo deseamos tanto que empezamos a hacer cosas, a experimentar, para ver si encontramos nuestro lugar en un todo. Cualquier cosa que hagamos que se vea recompensada con el hecho de que los demás nos dejen entrar en sus círculos, la repetimos. Y repetimos. Y repetimos. Hasta que llevamos esos nuevos comportamientos a la edad adulta, sin comprender realmente que no forman parte de lo que realmente somos. Para entonces, las recompensas no son evidentes y las consecuencias pueden ser traumáticas.

Encontré la manera de ser aceptada convirtiéndome en alguien complaciente. Empezó de forma bastante inocente: compraba bocadillos para los demás en la comida. Luego empecé a mentir y a decir cosas para que la gente pensara que era como ellos o que les caía mejor.

Las cosas empeoraron cuando mis padres compraron aquella casa fuera de la base. Empecé a beber para encajar con los chicos buena onda de mi barrio hispano cuando tenía unos doce o trece años. Intentaba bailar como ellos y escuchar música country porque era lo que ellos escuchaban. No era la música que mi padre me había enseñado, no era la música que me gustaba, pero fingía que me gustaba.

A partir de ahí, la cosa fue a más. Pasé por una especie de periodo de iniciación en el que me enfrentaba a otras chicas. Mis "amigas" me decían: "Ve a tirarle del pelo a esa chica", o me decían que me portara mal con alguien para demostrar que era "lo bastante buena" para salir con ellas. Yo lo hacía. Hacía lo que querían si eso significaba que me aceptaran.

Es interesante mirar atrás. Ahora me doy cuenta de que estaba interpretando el papel que mi madre esperaba que interpretara. Rebelarse contra los padres era normal en la comunidad hispana en la que yo vivía. Pensaba que así era como se suponía que tenías que actuar como hija. Incluso como novia, hacía lo que había visto a mí alrededor: tolerar el comportamiento deficiente o incluso ilegal de los novios porque eran buenos conmigo. Esas eran las relaciones que se suponía que había que tener. Yo no conocía nada diferente. Los amigos que admiraba, mis modelos a seguir, hacían todos lo mismo. Si la vida debía ser así, ¿qué podía salir mal?

Es cierto que mi madre intentó contrarrestar esas influencias.

La familia, la educación y el agradecimiento eran valores establecidos por nuestra religión. Siempre teníamos tareas domésticas. Tenía que estar impecable antes de que pudiéramos salir a jugar. Nos enseñó a cocinar, sobre todo a mí, ya que la cocina era una habilidad importante que había que tener como esposa y madre.

Pero la educación, como en el caso de mi padre biológico, era el billete de oro para una vida mejor.

El poder de la presión grupal sobre los niños es inmenso. Te mides por el rasero de tus amigos: lo que hacen, lo que tienen, su aspecto. Quieres su vida, la que ves desde fuera e imaginas perfecta por dentro. Pero esa vida no existe. Nunca existe. Y no te queda más remedio que aspirar a la pelusa y el aire. Uno pensaría que, como adultos más hastiados, habríamos superado esas fantasías, pero muchos de nosotros seguimos prefiriendo el sueño a la realidad. Mantenemos en secreto nuestras propias historias dolorosas y proyectamos solo la vida que queremos que los demás vean. Tengo muchos amigos en Instagram y Facebook que piensan que mi vida es glamurosa y que nada anda mal, pero yo pagué esa normalidad muchas veces con mi propia sangre y lágrimas.

Esos pagos empezaron cuando estaba en la escuela secundaria.

Me enteré de que algunos de mis amigos de El Paso se escapaban por la noche para ir a fiestas. Eso sonaba tan emocionante y glamuroso. Yo también quería ir. ¿Pero cómo? Mi madre no me dejaba hacerlo. Además, ¿qué me pondría? Mamá siempre cautelosa con el dinero, se negaba a financiar la ropa y los accesorios que encajaban con el estilo de vida de las fiesteras.

Un día, le dije a Karina, una fiestera mayor y con más experiencia, que me gustaban sus zapatos nuevos. Se apresuró a decirme cómo los había conseguido.

—Me los compró mi novio.

—¿Qué? —me quedé asombrada. Nunca se me había ocurrido semejante método de adquisición. Siempre había pensado que las dos únicas opciones para conseguir dinero para gastos eran tus padres o un trabajo.

—Sí, chica. Solo tienes que venir y pasar el rato con nosotros. Salir a hurtadillas. Conocer chicos. Mentir sobre tu edad. Conseguirás toneladas de cosas —me aseguró.

Parecía un buen trato. Y no estaba muy lejos de mi experiencia anterior con hombres adultos. Puede que mi madre se mantuviera firme con el dinero, pero yo había descubierto, tanto con mi papi como con mi papá, que al final podía conseguir lo que quería de ellos. Manipular a otros hombres parecía una progresión natural de esa habilidad.

Chicos

Mi primer novio, mi primer amor. Daniel era un pandillero y un miembro de la familia *Oldies but Goodies*. Como su nombre podría sugerir, pasaban el rato, incluyéndome, en Ascarate Park bebiendo *Mad Dog 20/20* o *Boone's Farm*, asando carne, fumando hierba y escuchando música *Oldies but Goodies*. Parte de la música era la misma que me había enseñado mi padre, pero también había algo de rock and roll. Desde *"I'm Your Puppet"* de James & Bobby Purify hasta *"Stairway to Heaven"* de los O'Jays. Me encantaba todo. Sentía que por fin había encontrado un lugar al que pertenecía.

Me identificaba con la música, con la letra y el sonido. Salía a pasear con Daniel como solía hacer con mi padre, solo que en un coche genial: un *low-rider* engalanado con llantas de lujo y todo. Así que, sí, tenía tantas ganas de ser aceptada que acabé juntándome con los pandilleros. Vendían hierba a mi alrededor, que no era legal en esa época. Y había éxtasis, que tomábamos mientras escuchábamos a Pink Floyd.

Jugábamos a las picas en el parque, hacíamos mucho ruido contestándonos en broma, y riéndonos. Si alguien llamaba y decía: "Oye, voy a venir, así que empiecen a encender la parrilla", aparecían otras personas con más comida. Si alguien llamaba y decía: "Tengo problemas con fulanito", eso significaba que todo el mundo tenía problemas con fulanito. Éramos como una familia, una familia con drogas y armas. Pero yo no tenía miedo. Eran mis protectores. Me aceptaban.

Por supuesto, tenía que escabullirme de casa para tomar el autobús e ir a ver a Daniel. A los catorce años, eso no siempre era lo más fácil. A veces, mi madre se enteraba.

—¡Por encima de mi cadáver irás a verle! —gritaba.

—¡Será mejor que te muevas! —yo le gritaba e iba de todos modos. O me escabullía por la ventana de mi habitación por la noche. Le gustara o no, no me importaba. Por supuesto, nunca le gustaba. Más de una vez volvía y me peleaba con ella por eso, a veces a puñetazos.

Es interesante mirar atrás. Ahora me doy cuenta de que estaba interpretando el papel que mi madre esperaba que interpretara. Rebelarse contra los padres era normal en la comunidad hispana en la que yo vivía. Pensaba que así era como se suponía que tenías que actuar como hija. Incluso como novia, hacía lo que veía a mí alrededor: tolerar el comportamiento deficiente o incluso ilegal de los novios porque eran buenos conmigo. Esas eran las relaciones que se suponía que había que tener. Yo no conocía nada diferente. Los amigos que admiraba, mis modelos a seguir, hacían todos lo mismo. Si la vida debía ser así, ¿qué podía salir mal?

Es cierto que mi madre intentó contrarrestar esas influencias. La familia, la educación y el agradecimiento eran valores establecidos por nuestra religión. Siempre teníamos tareas domésticas. Tenía que estar impecable antes de que pudiéramos salir a jugar. Nos enseñó a cocinar, sobre todo a mí, ya que la cocina era una habilidad importante que había que tener como esposa y madre. Pero la educación, como en el caso de mi padre biológico, era su billete de oro para una vida mejor.

Cuando volvimos a El Paso, se matriculó en tres institutos de educación superior para obtener sus títulos. Iba a clase mientras nosotros estudiábamos y volvía a casa por las tardes. Se aseguraba de que desayunáramos todas las mañanas, de que comiéramos comida casera todas las noches y de que tuviéramos la casa limpia. Nos preguntaba cómo nos había ido en el día y nos ayudaba con los deberes. Pero sus libros no se levantaban de la mesa del comedor hasta el final del semestre y cenábamos en el sála. Además, seguía trabajando en una compañía aérea. En resumen, siendo madre, estudiante y trabajadora no nos dejaba tiempo para socializar como familia o con amigos de la familia. Mi madre me contó mucho más tarde que le preocupaba esta carencia.

Como he dicho, la educación era muy importante para ella, y su sueño para nosotros era un título universitario. Pensaba que sus esfuerzos por obtener el título de maestra y luego el de licenciada en la Universidad de Texas en El Paso serían un buen ejemplo para nosotros. Tal vez, hasta cierto punto, lo fue, porque yo mantuve buenas notas incluso cuando otros aspectos de mi comportamiento decayeron. Aunque la mesa del comedor estaba prohibida para cenar, siempre encontraba un hueco para hacer los deberes. No recuerdo haber dejado de ser una buena estudiante. Mi hermano jugaba afuera, en su casa del árbol, y yo estudiaba. He mantenido esa actitud estudiosa hasta la edad adulta.

¿Quién puede decir si todos esos tirones de oreja contribuyeron a mi rebeldía o si las piedras de ese camino se fueron colocando poco a poco a lo largo de mi infancia y ahora tenía un destino establecido?

Solo en retrospectiva podemos empezar a darle sentido a todo, a separar las piezas para descubrir cómo encaja todo. Aún no estoy del todo segura de por qué hice lo que hice: los cerebros adolescentes son un misterio, incluso cuando es el tuyo propio.

Lo único que sé es que Dios me permitió vivirlo, empezando por lo que ocurrió después.

Capítulo 2
El matrimonio de una niña

A medida que mejoraba mi habilidad para escabullirme de casa, mi amiga Karina encontraba más fiestas a las que asistir. Un sábado por la noche, cuando solo tenía catorce años, acabé en la fiesta de una fraternidad de la cercana Universidad Estatal de Nuevo México, en Las Cruces. Allí conocí a alguien nuevo. Un hombre alto, moreno y guapo llamado Horace.

Horace alardeaba mucho dinero, me invitaba a comer y me llamaba hermosa. Obviamente, era mayor, veintidós años, y tenía un cuerpo maduro. Medía un metro ochenta, tenía la piel lisa, color chocolate, y era corpulento. Cumplía todas mis fantasías románticas de adolescente y me sentía más que halagada por su atención.

Le dije a Horace que tenía dieciocho años, mintiendo sobre mi edad como Karina me había aconsejado. Sé que algunas chicas de catorce años aparentan legítimamente dieciocho, pero cuando vuelvo a ver fotos de esta época, parezco una bebé. Tenía que saber que no decía la verdad.

Empezamos a salir enseguida y se supo mi verdadera edad, pero a él no le importó.

Era demasiado joven para sacarme el carné de conducir, así que me iba a buscar al instituto en su Oldsmobile Cutlass blanco. Era un auto que llamaba la atención. Tenía un equipo de sonido a todo volumen, llantas cromadas y un interior de terciopelo azul. Me sentía tan importante cuando me recogían en un auto tan bonito y me llevaban a un mundo de adultos fuera de la escuela y lejos de mi casa.

Íbamos al cine. Salíamos a comer afuera, aunque a veces también nos quedábamos en casa y cocinábamos juntos. Me llevaba a casa de un amigo a jugar a las cartas. Y mi favorito: me llevaba de compras. Íbamos a las tiendas y me decía que comprara lo que quisiera.

Yo estaba asombrada, aunque mis amigos pensaban que estaba loca.

Sobre todo Daniel, pero yo no le hacía caso. Aunque consideraba a Daniel el amor de mi vida, sabía que yo no era el amor de su vida. Me tenía afecto, pero era un picaflor. Tenía otras chicas a su disposición. Nunca me creí lo bastante guapa para ser la única; mientras tanto, Horace me decía que era preciosa.

Daniel conocía a Horace de forma independiente. Estaban en los mismos círculos de tráfico de drogas, y Daniel había escuchado hablar de él en la calle. Quería que fuera prudente con él.

—No lo hagas —dijo. No estés con él. Algo no cuadra aquí.

Pensé que su preocupación, como la de mis otros amigos, era por nuestra diferencia de edad. Desestimé sus palabras. Además, Daniel era traficante de drogas, así que ¿quién era él para darme lecciones de moral?

Mi nuevo caballero de brillante armadura parecía entender mi ansia de posesiones y elogios, mucho más que mis padres.

Cuando un chico te dice que eres guapa mientras todos los demás dicen que eres fea, y además te hace los regalos que tus padres te niegan, la combinación es irresistible para una niña con problemas. Tan irresistible que no me importaba correr el riesgo de meter en la casa la ropa nueva que me había comprado.

—¿De dónde has sacado eso? —me preguntaba mi madre.

"Oh, es de Julie. Lo dejó aquí y me dijo que podía quedármelo". O: "Es de Karina. Me lo prestó".

Era un juego de poder para mí: quedarme con algo delante de mi madre. Mi increíble novio me daba cosas que ella no me compraba. Me ponía la ropa delante de ella y nunca sabía la verdad. Quizá esa fue la primera línea divisoria que Horace talló para separarme de mi familia.

También empecé a distanciarme de mis amigos del colegio, ya que él parecía querer pasar cada vez más tiempo conmigo. No creía que hubiera nada malo en que un hombre de veintidós años se fijara en mí. Desde su dinero hasta sus elogios, todo en lo que podía concentrarme era en sus afirmaciones de que yo era digna y deseable. Empecé a pensar que él era el indicado para mí, y que viviríamos felices para siempre.

Influencia paterna

Como *pasábamos* tanto tiempo juntos, en algún momento tuvo que conocer a mis padres. Al principio les presenté a Horace como amigo, no como pareja sentimental. Era un chico educado y simpático. Les dijo a mis padres que era estudiante y que jugaba al baloncesto en la NMSU, lo cual era cierto en aquel momento. También era miembro de una fraternidad. Claro, era un poco mayor, pero se suponía que era un estudiante universitario respetable, y mi madre sí valoraba la educación, así que al principio le cayó bien.

También era diabético tipo 1 y necesitaba simpatía y apoyo para esta horrible enfermedad, según me la describió. En realidad, yo no tenía ni idea de lo que era la diabetes. Confié en su palabra y no intenté investigar. Pensé que se estaba muriendo y que me necesitaba para que sus últimos días fueran mejores.

En un principio, mis padres le veían como una buena persona con buenas expectativas. Todos lo veían así. Horace era un experto en usar el encanto y decirle a la gente solo lo que quería oír.

Cuando mi madre se enteró de que estábamos saliendo, la actitud cambió. Lo llamó pedófilo, entre otras cosas. Me decía sin rodeos:

—No vas a salir con él.

Pero lo hice de todos modos.

Los argumentos para mi decisión eran muchos. Para empezar, me sentía importante con Horace, que me valoraba de una forma que no percibía en casa: quería ayudarle a tener una vida mejor mientras pudiera. Él me dijo que no tendría una vida larga. Vi cómo se inyectaba insulina en la pierna todos los días y comentaba que solo quería una buena vida para el tiempo que le quedaba. Yo quería hacerle feliz y ayudarle a tener una buena vida.

Mi madre comprendía su estado de salud, pero seguía negándose a que siguiera teniendo una relación con él. Así que recurrí a amenazarla, diciéndole que me iría de casa para siempre si no me permitía seguir con él. O que simplemente desobedecería y saldría por la puerta para estar con él. Me trataba como a una niña, y yo no me sentía como una niña, sobre todo cuando estaba con Horace. Él me hacía sentir como la mujer que todas las adolescentes aspiran a ser: una mujer que no necesitaba que su madre le dijera lo que tenía que hacer.

Pero mi madre conocía el precio de ser mayor antes de tiempo. Los embarazos no deseados, sobre todo fuera del matrimonio, entre otros peligros, le enfermaban de la preocupación. Cuando fracasó en su intento de controlarme con sus reglas, recurrió a reglas de mayor nivel. Una noche, a los pocos meses de empezar nuestra relación, amenazó con acusarle de estupro si no dejaba de verle. Era la única carta que le quedaba por jugar. Pero la negatividad prohibitiva de mi madre solo hizo que deseara más la presencia compasiva de él. Después de correr a su lado, le conté el ultimátum de ella, el último de una serie de quejas sobre los obstáculos que ponía a nuestra relación. Me hizo una oferta que no quise rechazar:

—¿Por qué no nos casamos?

Mi destino quedó sellado con la misma facilidad con la que me hizo la oferta.

—¡Claro, hagámoslo!

Fue entonces cuando mi edad se convirtió en un problema. Era demasiado joven para firmar los papeles por mi cuenta y necesitaba el permiso de mis padres para casarme. La pelea entre mi madre y yo por ese consentimiento fue épica.

—¡No te he educado para esto! —me gritó. Pensé que las palabras de mi madre eran un poco hipócritas, ya que ella se había casado joven y tenía hermanas que se casaron a una edad aún más temprana. Si ellas podían, ¿por qué yo no?

—¡Se supone que tienes que conseguir tu diploma! Ve a la universidad —esas fueron sus palabras, pero yo las interpreté como un "Adelante, arruina tu vida". Era solo una desaprobación más en una fila de tantas que solo me hacían estar más decidida.

Así que le di a mi madre un ultimátum: aceptar mi elección de marido o no volver a verme. Cedió. Supongo que el miedo a perderme para siempre, después de las constantes discusiones y huidas, era real.

Para ser justos con mi madre, su consentimiento también tenía un componente cultural. Casarse joven era habitual en su familia. Muchas de mis primas se casaban a los quince años, algunas incluso a los catorce, y su familia no creía que la diferencia de edad fuera para tanto cuando ella lo consultó con su madre y sus hermanas, aunque a mi madre le pareciera malo.

O quizá estaba demasiado cansada como para seguir negándose. Estaba en el apogeo de mi rebeldía. Además de escabullirme, había intentado hacerme stripper para ir a trabajar con mi prima, un plan que mi madre había rechazado de plano. Y una vez, cuando me dijo que lavara los platos, repliqué: "Claro que lavaré los platos", y los rompí todos contra el suelo. Estaba decidida a resistirme a ella. No solo eso, sino que la amenacé con escaparme para poder estar con Horacio y le prometí que no volvería a verme. Uno de los mayores temores de mi madre era perderme por completo, así que tal vez la idea de permitir que me casara con un hombre que no le gustaba era mejor que arriesgarse a perderme para siempre.

De cualquier forma, después de aquella última discusión, todo encajó. Conocí a la madre de él en Nuevo México y, aunque cuestionó mi edad, cedió a nuestros deseos. Había ganado. Tenía a mi hombre. Era la única alumna de octavo grado que estaba comprometida. Destruí las posibilidades de ir a la fiesta de promoción y baile de graduación, pero ¿para qué iba a necesitar esos momentos de la infancia cuando solo necesitaba a mi nuevo amor?

La boda

A los quince años, las niñas mexicanas celebran su llegada a la madurez con una fiesta de quinceañera. Se embellecen con un gran vestido y sus padres organizan una gran fiesta. Yo, en vez de quinceañera, tuve una boda en blanco y negro.

Mandamos a hacer el vestido en Juárez, la ciudad mexicana hermana de El Paso, al otro lado de la frontera. Era grande y adornado, un verdadero vestido de princesa que requirió varios viajes a la costurera para recibir arreglos. Tuve dos damas de honor con vestidos blancos y negros, también hechos en México, y dos padrinos de esmoquin, y tuve una niña de las flores y un portador del anillo.

Mi peinado era perfecto. Mi maquillaje era perfecto. Mi vestido me quedaba de ensueño. Era todo lo que quería ser y estaba a punto de celebrar una boda de cuento de hadas: una hermosa princesa a punto de casarse con su príncipe.

No todo el mundo lo veía así.

Mi padre biológico se reunió conmigo en la iglesia. Entré y me encontré con él esperándome.

—Vamos a hablar —me dijo.

Nos dirigimos a los servicios. Esperaba una conversación cariñosa entre padre e hija. Me diría que estaba guapa y que estaba orgulloso de mí. En lugar de eso, se detuvo junto a las fuentes de agua, se volteó hacia mí y me obligó a verle de frente.

—Esto está mal —me dijo. No lo hagas.

—¿Qué quieres decir? —le miré fijamente a los ojos, incapaz de comprender por qué no me estaba dando su bendición.

—No te cases con ese hombre —su rostro lucía serio, no orgulloso. —No tienes por qué hacerlo.

—¡Pero quiero hacerlo! Lo amo.

—Te daré diez mil dólares. Mira —sacó un cheque de su bolsillo. —Sal de esta iglesia conmigo ahora mismo, y el dinero es todo tuyo.

No podía creer que mi padre no me apoyara. Como era tan joven, mi madre tuvo que firmar los papeles que me permitieran casarme.

Cuando se lo dije, mi padre no quería saber nada al respecto, pero yo estaba segura de que cambiaría de opinión. ¿Por qué no iba a hacerlo? Yo era tan feliz.

Pero no. Estaba en medio de un sueño hecho realidad, mi sueño hecho realidad. Había un apuesto príncipe esperándome al final del pasillo. Quería estar con él. Un hombre que tenía una enfermedad que podía matarle. Me necesitaba, me amaba, como su esposa, para que le ayudara a vivir bien el poco tiempo que le quedaba. ¿Por qué no podía entenderlo mi padre?

—Escucha… —continuó papá. —…No tienes por qué hacer esto. Te enviaré a Rhode Island a vivir con mi familia durante unos meses. Puedes rehacer tu vida y volver y…

—¡No! ¡Yo lo amo! Quiero casarme con él.

Y lo hice.

Llegué al altar del brazo de mi padre, aunque él no estaba de acuerdo, aunque pensaba que era un estupro, que no era normal y que no estaba bien. Lo hizo para apoyarme. Me llevó al altar, donde me esperaban mis damas de honor, así como Horace, mi príncipe, de pie junto a sus testigos, amigos suyos de la universidad.

Fue el mejor día de mi vida: allí estaba yo, el centro de atención de todos, con ese hombre encantador que se había convertido en mi marido. En su iglesia, ahora *nuestra* iglesia; prometí amarle, quererle y obedecerle toda mi vida, hasta que la muerte nos separe, y él me prometió lo mismo. Después, tuvimos una cena buffet de celebración en un restaurante chino de lujo que mamá y papá habían alquilado. Durante toda la velada, me sentí especial, hermosa y todo lo que quería ser.

Horace y yo, después de decir nuestros votos.

Mi padre ayudándome a subir a la limusina.

Horace y mi dama de honor.

Mi hermano pequeño, LC, y yo en la recepción.

Yo con mi novio.

Pero mi padre tenía razón: todo estaba mal. Por supuesto, yo estaba sorda al pensamiento racional en aquel momento. Quizá todos lo estábamos. Mi madre se había convencido a sí misma, y a mi papi, de que casarme con un hombre de veintidós años era lo mejor. Los padres de Horace lo aceptaron. Su padrastro fue su padrino. Nuestra familia y amigos lo aceptaron. Incluso también los testigos de Horace, que eran sus compañeros de baloncesto en la universidad; aunque se habían reído de nuestra boda, y cuando se enteraron dijeron: "¡Hombre! ¡Solo tiene quince años! ¡Ni siquiera se ha desarrollado!" Pero se comieron la comida china y bailaron al son de la música con mis primos y amigos como si todo les pareciera bien.

Siendo la única excepción mi padre biológico, todos estábamos contentos aquella noche, lo cual debería haber sido imposible, teniendo en cuenta que mi relación con mi nuevo marido había empezado cuando lo conocí, apenas unos seis meses antes.

A menos que te hayas encontrado en una situación similar, probablemente no puedas entender qué llevaría a una chica, por decisión propia, a luchar tan ferozmente por casarse con un hombre casi diez años mayor que ella.

Sinceramente, yo tampoco lo entiendo ahora, salvo que, en mi mente inmadura, no podía imaginar que un hombre guapo, que me daba el estilo de vida que quería y que me colmaba constantemente de la atención que ansiaba, se convirtiera en un monstruo. Aún era lo bastante joven para creer que los finales felices de los cuentos de hadas podían hacerse realidad en la vida real, que un apuesto príncipe podía rescatarme. Me ayudaría a escapar de la forma negativa en la que me veían mis compañeros y de la naturaleza controladora de mi vida familiar.

Pero la vida que creía que me daría era una fantasía que se convertía en horror cuanto más tiempo pasara con él.

Luna de miel interrumpida

No hubo luna de miel después de nuestra boda. Mi vida de ensueño con Horace no fue mucho mejor. De hecho, duró menos de veinticuatro horas.

Nos casamos un sábado. El domingo, Horace y yo nos mudamos a lo que sería nuestro hogar: la casa de sus padres en Nuevo México. Esa noche perdí la virginidad. Cuando me levanté a la mañana siguiente, fuimos todos a la iglesia y, al volver, descubrí que mis días de princesa habían terminado oficialmente.

—Prepárame el desayuno —me ordenó mi suegra, Lorraine. Quiero huevos.

Quise decirle que se hiciera sus propios malditos huevos, pero lo único que conseguí decir fue:

—No voy a cocinar.

—Sí, lo harás —me dijo. Eso es lo que se supone que debes hacer. Ahora tienes obligaciones como esposa. Lo dice la Biblia. Se supone que debes servir a tu marido y a su familia. Se supone que debes ser nuestras manos y pies. Quiero huevos, ahora.

Así que le hice huevos. También limpié después de que terminara. Esa noche, preparé la cena para toda la familia y, sí, limpié después de que terminaran. Al día siguiente, en lugar de ir a la escuela, serví a mi marido y a su familia. Les lavé la ropa, limpié la casa y les preparé la comida.

De alguna manera, estaba viviendo la situación inversa de lo que le ocurrió a Cenicienta: pasé de ser una hermosa novia princesa a ser una sirvienta en las cenizas. En más de un sentido.

Sabía que mi nuevo marido era traficante de drogas. Sabía que así era como ganaba todo su dinero. Incluso antes de casarnos, sabía que eso era lo que hacía, ya que incluso lo había visto a él y a su padrastro, Ted, vendiendo en el Cutlass. Pero Daniel también había vendido droga y yo pensaba que era una buena persona. Mis mejores amigos eran pandilleros y traficantes. Así que la correlación entre drogas y peligro se me escapaba.

Papá pensaba diferente. Sospechaba que había drogas de por medio, pero tras una conversación con él antes de casarnos, Horace aceptó un trabajo como cocinero en el Village Inn, así que parecía que ganaba dinero honradamente. Me engañé a mí misma creyendo que las drogas no eran más que un pequeño negocio paralelo. No me di cuenta del alcance y las ramificaciones de su negocio hasta que me fui a vivir con Horace y sus padres.

Me convertí en cómplice a posteriori por primera vez la misma semana que me convertí en esposa. Tras un par de días haciendo de criada para la familia de mi marido, vi a Ted, mi nuevo suegro, fumando algo en una pipa. Pronto dijo que estaba adormecido. Le pregunté a Horace qué pasaba, y fue entonces cuando me enseñó cómo hacía crack en los fogones de la cocina. Y luego me dijo que limpiara el desastre que acababa de hacer cocinándolo. No sería mi última experiencia con las drogas, su parafernalia y su desorden. A menudo, cuando Lorraine estaba en el trabajo, Horace y Ted hacían fiestas de crack y yo tenía que encargarme de las consecuencias. Y luego estaban todas las agujas que Lorraine traía a casa de su trabajo como enfermera y que Ted cogía para su propio consumo de drogas.

No tardé mucho en darme cuenta de que había pasado directamente de unos grilletes a otros. Mi madre me había puesto en un horario apretado con rigurosas exigencias de estudio. Ahora me ponían a trabajar. La conmoción de todo esto me hizo maleable, eso era lo que había firmado como esposa, ¿verdad? Eso era lo que Dios quería que hiciera... pero no podía evitar sentir que el Dios de mi nueva familia era más exigente que el Dios de mi no tan lejana infancia.

Cambio de fe

Como adventista del séptimo día, me costó acostumbrarme a la iglesia de Horace, que era pentecostal. Tres meses antes de la boda, empecé a ir a su iglesia con él. Pensé que era otra señal de nuestra compatibilidad. Hacíamos cosas juntos. Era muy dulce y me hacía quererle más.

Aunque los dos éramos cristianos, las dos denominaciones eran como manzanas y peras. Como pentecostales, íbamos a la iglesia a toda hora: martes, viernes, sábados y domingos. La mayoría de los fieles eran mujeres negras entre semana. Parecía que sus maridos solo iban los domingos. Mi madre no entendía por qué me gustaba ir a esa iglesia. Estaba desconcertada por el hablar en lenguas, los bailes y cantos extáticos, y las profesiones milagrosas desde el púlpito. Nunca había visto nada parecido en las iglesias católicas de su juventud ni en la adventista del séptimo día.

Pensaba que esta forma de alabar a Dios era muy emocionante comparada con las reuniones más formales de la iglesia de mi familia, pero aunque estaba dispuesta a alejarme de mi familia y mis amigos, me resultaba difícil alejarme de la iglesia de mi juventud, sobre todo por una tan extraña.

Tengo que reconocer que lo de hablar en lenguas también me desconcertaba. Parecía un galimatías en el que todo el mundo se agitaba y no hablaba con nadie. Me explicaron que era el lenguaje que hablaban los discípulos cuando el Espíritu Santo entraba en ellos. Era el habla sagrada.

—¡No eres cristiana hasta que hables en lenguas! —me regañaron—. ¡Vamos a orar para que lo hagas!

Me llevaban al altar, me echaban aceite santo y me presionaban la cabeza. Alguien que viera esto desde afuera podría haberlo visto como una extraña forma de tortura con agua. No me obligaba a sentir el Espíritu Santo, pero sí a hablar en lenguas, o al menos a fingirlo. Yo solo quería que pararan. Años más tarde, después de muchas más horas en la iglesia y de leer la Biblia por mí misma, sentía el impulso de hablar en lenguas, pero no era a menudo.

Con el tiempo, me acostumbré a todo lo extraño. Mi marido y su familia eran mi nueva normalidad, y yo estaba dispuesta a cambiar para complacerlos. Su iglesia se convirtió en el centro de mi mundo y la utilizaron para controlarme. En aquella época, mi madre los llamaba locos. Luego, ambas lo llamaríamos lavado de cerebro.

La iglesia ayudó a consolidar en mí la creencia de que las esposas debían dejar a sus familias e irse a vivir con las de sus maridos para servirles, lo que se traducía en tareas domésticas. Lorraine, como enfermera y única proveedora honesta de la casa, se ausentaba mucho, y los hombres desde luego no iban a hacer tareas domésticas. Así que yo cocinaba, limpiaba, lavaba y hacía de cuidadora. Daba gracias de que Horace no tuviera hermanos, así que solo tenía que ocuparme de los tres.

Se esperaba de mí que tuviera todas las tareas hechas y la cena en la mesa cuando Lorraine y Horace llegaran a casa. Primero preparaba la comida de los demás. Yo comía de última. Podría haberme puesto tacones y un vestido como las esposas de las comedias de los años cincuenta, sobre todo porque ahora tenía prohibido llevar pantalones. Sin embargo, también tenía prohibido maquillarme y siempre llevaba el pelo recogido en una coleta. Era lo que Lorraine me había aconsejado. Me dijo que era un sacrificio que tenía que hacer.

Mi madre se horrorizó cuando le conté cómo vivía.

—¡Eso no está bien! —exclamaba, indignada por mí—. ¡Esa no es la forma de vida que dicta la Biblia! Te están manipulando. Ni siquiera puedes verlo. Eres una esclava.

Probablemente no sea una sorpresa que Horace y su familia ya no quisieran que visitara o incluso hablara con mi madre. Durante un tiempo, me prohibieron verla a ella o a cualquier otro miembro de mi familia. Querían separarme de mi vida anterior y de mis relaciones. Aislarme y hacerme depender de ellos en todos los sentidos; al principio, no tenía un trabajo remunerado (y ni siquiera podía conseguir uno a los quince años), así que todos los viajes fuera de casa necesitaban de su bendición y su dinero.

No sería hasta que Horace empezó a pegarme cuando pensé en volver a casa. Pero antes de que eso ocurriera, Junior entró en escena.

Sacrificio

Ser ama de casa a tiempo completo significaba que no tenía tiempo para ir a la escuela. Acabé abandonando los estudios rápidamente, en noveno grado, pero no porque me fuera a vivir con mis suegros, ni por mis tareas domésticas, que sí forzaron bastante mis aspiraciones educativas. Dejé los estudios porque quedé embarazada. Nueve meses después del día de mi boda, poco después de cumplir dieciséis años, fui mamá.

Mi madre, que era una cristiana obediente, no me había dado "la charla" sobre el origen de los bebés antes de casarme. No tenía ni idea de que existieran los anticonceptivos, y ni Horace ni sus padres me habrían dejado usarlos. Su fe les exigía "fructificad y multiplicaos", y eso era lo que hacían.

El sexo era una obligación, un deber que debía cumplir la esposa para tener hijos. Horace no fue de ayuda aquí. No me explicó nada sobre cómo funcionaba el sexo o mi cuerpo. Me dijo que me tumbara, que no me iba a doler. Ahora era su esposa y debía hacer lo que él me dijera. Entonces no sabía que muchos llamarían a esto violación.

Capítulo 3
En la guarida del diablo

No recuerdo la primera vez que Horace me pegó.

No solo no recuerdo la primera vez que me pegó, sino que no recuerdo por qué me "gané" ese castigo. Tal vez fue porque no tenía la casa lo suficientemente limpia o la comida hecha a tiempo. Recuerdo haberme peleado mucho por esas cosas. Otras veces fue porque dije que no quería tener relaciones sexuales con él. O porque Daniel, mi antiguo novio, se ponía en contacto conmigo.

Daniel se ponía en contacto conmigo de vez en cuando para asegurarse de que me iba bien. A veces, si una pelea con Horace se ponía lo bastante fea, se lo contaba a Daniel. Esas conversaciones me asustaban y me tranquilizaban al mismo tiempo. Más de una vez, Daniel decía: "No quiero tener que matar a Horace, pero si las cosas no se calman, lo haré". Sabía que lo decía en serio. Y yo sabía que la familia *Oldies but Goodies* podía hacer un tiroteo si lo consideraban necesario. No quería que fuera necesario.

Es irónico que, en mi deseo por escribir este libro, ahora tenga que recordar las cosas que he hecho todo lo posible por olvidar. Aunque no recuerdo la primera vez que me pegó, sí recuerdo la primera vez que acabé en el hospital a causa de sus palizas. Aún estaba embarazada de Junior.

Me encontré rodeada de enfermeras y médicos en urgencias que querían saber qué había pasado. Les dije que me había caído por las escaleras. (Esa se convirtió en mi frase habitual durante las idas al hospital. Era el único accidente que se me ocurría para explicar los huesos rotos y los múltiples moratones).

Las enfermeras, con sus batas azules, parecían asustadas por mí. Se dieron cuenta de mis mentiras y me dijeron que debía dejarlo. Me preguntaban: "¿Qué haces ahí?" "¿Por qué estás casada? Eres tan joven". Había llegado a escuchar esas frases demasiadas veces. Siempre preguntaban: *"¿Qué haces casada?"*. Y luego seguían con: *"¡Eres tan joven!"*

Nunca tenía respuestas a sus preguntas. Y una vez, cuando una enfermera blanca me dio un número de teléfono de ayuda para casos de maltrato doméstico, sabía que tampoco sabría responder a sus preguntas, así que tiré el número. La Biblia decía que tenía que apoyar a mi hombre. Me aferré al frío consuelo de la retorcida red de religión que mi nueva familia había tejido para mí: Tenía que dejar a mi padre y a mi madre y unirme a mi marido. Amarle como Cristo amó a la Iglesia, un amor que incluía pruebas y sacrificios.

En aquel primer viaje a Urgencias, Horace ya me había separado lo suficiente de mis padres. Pensé que no tenía familia a la cual volver. Pero o los médicos de urgencias fueron lo bastante convincentes o mi amor por mi familia era más profundo que mi miedo a Horace, porque acabé llamándoles desde el hospital, ahora embarazada, magullada y golpeada.

Querían que volviera a casa, me lo suplicaron. Fui aquella primera vez. Las enfermeras me entregaron a mis padres. Me llevaron a su casa, pero estuve poco tiempo. Horace no tardó en ir a reclamarme. Él y mi padrastro tuvieron unas palabras ese día.

—¿Qué quieres? —preguntó mi papi, mi protector. Eres un grandullón. No tienes por qué pegarle a mi hija. Si quieres pegarle a alguien, pégame a mí.

Mis padres querían que me quedara con ellos, pero el poder de Horace era demasiado fuerte. Así que volví con mi "príncipe" y la vida siguió igual que antes, con la diferencia de que yo sabía que mis padres seguían queriéndome.

Con el tiempo, me di cuenta de que había un patrón en el comportamiento de Horace. Primero venía el abuso verbal. Me gritaba, me acusaba de no ser una buena esposa, de no seguir los mandamientos de Dios. Esos eran mis pecados. Si no se calmaba después de las agresiones verbales, empezaban las físicas. Mi penitencia sería en forma de palizas.

Los humanos son extraordinarios. Pueden acostumbrarse a muchas cosas, y no importa lo malas que sean, si pueden predecirlas, hay una especie de seguridad en ello. Y como es tan común en las relaciones abusivas, el diablo que conoces, sin importar lo malo que sea, parece mejor que el diablo por conocer. Para una mujer joven sin trabajo, dinero ni amigos, y eventualmente con niños pequeños a cuestas, ese diablo desconocido daba mucho miedo.

Cuando di a luz a mi primer hijo, siendo yo todavía una niña, le rogué a Horace que me dejara ver a mi madre y presentarle a su primer nieto. Se negó. Al día siguiente de volver del hospital, tuve que cocinar para todos, además de ocuparme exclusivamente de mi recién nacido. Eso me dolió. No sané muy rápido, ni física ni emocionalmente. Pero para entonces ya no me quedaban muchas protestas y la depresión posparto era un lujo que no podía permitirme.

El abuso de los niños

Horace no se volvió violento con sus hijos hasta que nació el segundo, Kenneth, un año después de Junior.

Es cierto que con Junior seguía siendo muy estricto. De bebé, cuando Junior lloraba, no me dejaba ir a recogerlo. Mi hijo de tres meses gritaba a pleno pulmón, pero Horace desestimaba su angustia.

—Sobrevivirá. No le hagas un mariquita. No te necesita.

Junior evitaba lo peor de la ira de Horace, probablemente porque se parecía a su padre, incluso de bebé. Horace se alegraba de ello y se sentía un orgulloso papá la mayor parte del tiempo con él.

Kenneth no se parecía a su padre. Era un tono de piel más clara. Y Horace estaba resentido con él, y conmigo, por algún tipo de infidelidad percibida, y esa ira no hizo más que crecer con el tiempo.

Cuando dije que Kenneth nació un año después de Junior, quise decir un año exacto. Cumplen años el mismo día. Los médicos me habían aconsejado que me abstuviera de mantener relaciones sexuales durante seis semanas después del nacimiento de Junior, pero a Horace le molestaba que le dijeran lo que tenía que hacer con su mujer. Entre cocinar, limpiar y cuidar a los niños, me ordenaban que me acostara con mi marido. Mi cuerpo estaba agotado; mi espíritu, destrozado. Horace seguía negándose a que mi madre me viera o me visitara.

Quería ver a mis padres. Ansiaba que mi madre me ayudara. Recordé la conversación que mi padrastro tuvo con Horace y supe que mis padres me aceptarían de vuelta. Me armé de valor y fui a ver a mi madre unas cuantas veces y empecé a hablar, seriamente, de volver a casa para siempre y llevarme a mis hijos pequeños conmigo. Eso no hizo más que aumentar las exigencias de Horace.

—No irás a ninguna parte —me decía. —Vas a cocinar. Vas a limpiar. Y te quedarás conmigo o mataré a toda tu familia.

Así que aprendí a ser madre por mi cuenta, ya que Lorraine no sentía que fuera su responsabilidad aconsejarme.

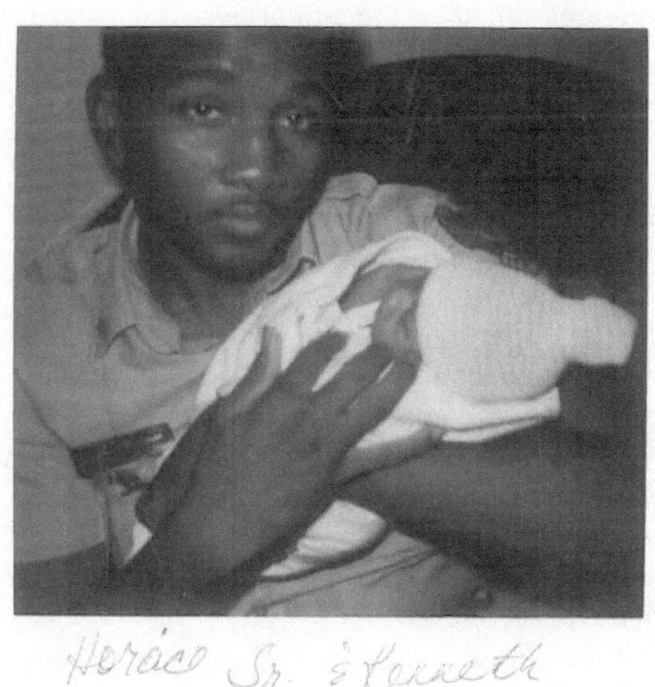

Horace Sr. & Kenneth
1 day old

Otra ida a urgencias
Una segunda ida a urgencias, esta vez con mis dos hijos, fue el inicio de nuestro caso con los Servicios de Protección de Menores (CPS).

El hospital de El Paso era un informador obligatorio, lo que significa que si sospechaban que había maltrato infantil, tenían que denunciarlo. En esa ida, hicieron ambas cosas. No puedo evitar preguntarme por qué una chica de dieciséis años nunca fue considerada una niña a sus ojos. Había estado allí tantas veces antes, tenía un expediente lleno de todo tipo de lesiones causadas por "caerme por las escaleras". Una enfermera tras otra sacudían la cabeza mientras anotaban la endeble excusa, pero a nadie se le ocurrió llamar a los Servicios de Protección de Menores hasta que un día llegué bastante golpeada y embarazada de nuevo. No tenía a nadie más que pudiera cuidar de los bebés, así que me los llevé conmigo.

Kenneth, de dos semanas, tenía fiebre ese día. Las enfermeras se lo llevaron para examinarlo. Poco después apareció una señora blanca y delgada con unas gafas enormes. Se dirigió directamente a mí.

—Esto no es normal. Esto es maltrato. Tendrás que tomar clases de paternidad y cambiar tu forma de ser, o nos llevaremos a tus hijos —entonces llamó a mis padres, ya que me negué a hacerlo yo misma.

Era la primera vez que veía a mi madre en meses.

—¡Mira lo que Horace le hizo a mi hijo! —sollocé a mi madre. Dio la vuelta a los pequeños pies descalzos de Kenneth para descubrir, horrorizada, pequeñas quemaduras circulares en la planta de los pies de su nieto. Coincidían con las quemaduras de su abdomen, donde Horace había quemado los restos de su cordón umbilical, provocándole una infección y fiebre. Horace había estado apagando sus cigarrillos y porros sobre su hijo de dos semanas, en lugares no inmediatamente perceptibles.

—¿Él hizo esto? —siseó ella.

—Sí.

Inmediatamente alertó a mi papi. Los dos, disgustados, exigieron un cambio:

—No vas a volver con él. Te vas a quedar con nosotros. Te ayudaremos a superarlo.

Pero yo no podía. Hacía poco que Horace y yo nos habíamos mudado a nuestra propia casa. Teníamos una casa adosada, solo él, yo y los niños. De ninguna manera me dejaría volver con mi familia. Me tenía para él solo en esa casa, donde quería que estuviera.

—No vuelvas —me dijo el asistente social. —Eres joven. Tienes toda tu vida por delante y el apoyo de tu familia. Tienes que irte —me aterrorizaba hacerles caso: ¿qué haría Horace? Además, la Biblia decía que tenía que estar con mi marido.

La trabajadora de los CPS también intentó amenazarme con la esperanza de que entrara en razón.

—Si vuelves.... —me prometió, —...nos llevaremos a tus hijos y te meteremos en la cárcel por maltrato infantil.

Pero no podía dejar a Horace.

Sentían lástima por mí. Tenía menos de dieciocho años, estaba en el hospital con mi hijo de dos semanas maltratado, mi hijo de un año en el regazo y ya embarazada otra vez de mi tercer hijo. Su compasión probablemente me mantuvo fuera de la cárcel en ese momento.

Como los Servicios de Protección de Menores preferían mantener a los niños con sus padres si era posible, aceptaron que Horace, yo y los niños viviéramos con mis padres durante un tiempo. Creo que se dieron cuenta de que me habían lavado el cerebro y esperaban que mi madre me entendiera si vivía con ella.

Al principio, me sentí muy bien en casa de mis padres. Pude curarme, por fin, de haber dado a luz a Kenneth. Pude recargarme y respirar. Mi madre cocinaba y limpiaba casi todo. Me ayudaba con los niños.

—¡Acabas de tener un bebé! Descansa —me decía. Pero todos sus esfuerzos fueron en vano. Horace no me quitaba el ojo de encima y se aseguraba de seguir controlándome, algo que imponía con demasiada frecuencia a puerta cerrada.

Mi madre hizo todo lo que pudo para reducir el control de Horace. Me hizo cuestionar sus decisiones y nuestra forma de criar a los niños. Un día me preguntó por qué nos parecía buena idea dejar a un bebé y a un niño de un año fuera de casa hasta medianoche para asistir a los servicios religiosos. Tenía razón. Mis hijos estaban agotados. Sabía que necesitaban dormir más.

Horace, por supuesto, ni siquiera tenía en cuenta lo que necesitaban los bebés.

—¡Sigo siendo el cabeza de familia! —gritaba. —¡Sigo siendo tu líder!

Entonces se produjo una pelea entre nosotros, y mis padres la presenciaron. Horace me rompió la mandíbula (¿o fue el brazo aquella vez?) y mi papi le apuntó con una pistola.

—Escucha, te mataré si vuelves a meterte con mi hija —le amenazó.

Horace se alejó, temporalmente. Pero no fue la única vez que se enfrentaron. Más de una vez papi intentó pelear físicamente con Horace. También lo hizo mi hermano, Tony. Yo, embarazada, me interponía entre ellos para intentar detenerlos. Sabía lo que Horace podía hacer y no quería que lastimaran a mi familia. Más de una vez me enseñó su pistola y amenazó con matar a todos los miembros de mi familia. Tenía la sensación de que Horace no tendría piedad con ellos.

Tony también tenía un arma. Se tomaba muy en serio su responsabilidad de ser el protector de su hermana pequeña y más de una vez se jugó la vida para protegerme. Horace sacaba su pistola; Tony sacaba la suya en respuesta y decía:

—Si la sacas, será mejor que la uses. Si no la vas a usar, ten cuidado, porque no sabes lo que te va a pasar.

Probablemente lo que nos mantuvo vivos a todos en casa de mis padres fue mi madre. Era una pacificadora. Acosaba a papá diciéndole:

—Cariño, es su marido. Aunque sabemos que no está bien, por favor mantén la paz porque si no, puede que no volvamos a verla. Puede que no volvamos a ver a los niños. Por favor, muérdete la lengua para que podamos verlos.

Escuchó y obedeció sus sugerencias tanto como pudo. Igual que mi hermano. Todos llevábamos máscaras, viviendo en la misma casa. Máscaras que hacían parecer que éramos una familia cohesionada que confiaba en los demás y que se respetaba. Máscaras que daban una sensación de paz y ocultaban la ira y las amenazas.

Con el tiempo, los servicios de protección de menores nos permitieron volver a nuestra casa, donde nos visitaban semanalmente. Horace se aseguraba de que estuviéramos preparados. Los niños se bañaban y se vestían con ropa bonita. Siempre estaba allí para las visitas.

Era un santo delante de ellos. El padre y papá perfecto para el mundo exterior. Pero a puertas cerradas, era un infierno.

Como todos los demonios, Horace sabía cómo manipular a cada persona en cada momento. Acababas vendiéndole tu alma antes de incluso saber que estaba en juego. Después de que los Servicios de Protección de Menores se marcharan, mientras yo aún estaba en pánico pensando que encontrarían una razón para llevarse a mis hijos, él se dirigía hacia mí de forma tranquilizadora.

—No se llevarán a los niños. Simplemente huiremos. Es la única manera de que esto funcione. Huir de los Servicios de Protección de Menores y de tus padres e irnos adonde nadie pueda llegar y fastidiarnos. Hay demasiada gente involucrada en nuestro matrimonio, y Dios me está diciendo que tenemos que seguir adelante.

No estoy segura de si Dios le dijo específicamente a Horace que teníamos que mudarnos a Nueva Orleans, pero había varias razones para elegir Nueva Orleans.

La principal era que toda la familia de Horace vivía allí. Para ese entonces, eso incluía a sus padres. La incontrolable adicción a las drogas de Ted lo había atrapado o, al menos, los traficantes a los que les debía lo habían atrapado. La gente de El Paso lo estaba buscando. Como Horace había sido uno de los proveedores de Ted, había indicios de que Horace también estaba en riesgo por sus acciones, por lo que mudarse puede haber sido menos por Dios y salvar a nuestra familia y más por volver a sus raíces y no querer ser encontrado por sus enojados superiores.

Mi madre me suplicó que no fuera. Ella sabía lo que era estar en una relación abusiva. Tenía conocimientos y recursos que podía utilizar. Pero me habían lavado tanto el cerebro y tenía tanto miedo de perder a mis hijos que no pude aceptar la mano que me ofrecía.

Mi papi también intentó animarme a quedarme en casa. Nunca le gustó Nueva Orleans, decía que le daba mala espina por todo el vudú y la brujería. Y le asustaba que todas las tumbas estuvieran en la superficie. Sin embargo, lo que era más importante para él, al igual que para mi madre, era que Horace ya le había mostrado su verdadera cara a mi familia. Todos sabían cómo era y estaban aterrorizados de verme tan lejos de ellos. Papá estaría a más de mil millas de nosotros. No podría interponerse fácilmente entre Horace y yo una vez que saliéramos de la ciudad.

Temían mucho por mí, pero sentí que debía irme. No les dije que Horace había amenazado varias veces con matarlos si lo dejaba. No podía ser responsable de eso. Tenía que irme. Así que me dieron un beso en la frente y se despidieron de mí, diciendo que lo único que podían hacer entonces era rezar por mí.

Yo también tenía miedo de mudarme. Al igual que mi familia, sabía de lo que era capaz Horace (o al menos eso creía). En cualquier caso, cuando nos devolvieron los impuestos de nuestros trabajos en el Village Inn, metimos todo lo que pudimos en el Thunderbird y nos fuimos. Horace y yo habíamos trabajado en el Village Inn, él como cocinero y yo como camarera. Horace no quería que extraños vigilaran a los niños, así que hacíamos turnos opuestos, de día y de noche. Cuando ambos teníamos que trabajar, él estaba dispuesto a dejar que mi madre o mi hermano cuidaran de los niños. Así que ahorramos un poco de dinero para nuestra mudanza haciendo que la familia cuidara a los niños, pero fue el reembolso lo que realmente lo pagó.

El palo y la zanahoria

Texas es mayoritariamente llano. Donde vivíamos, estábamos rodeados de un desierto sembrado de cactus. Bordeando ese yermo están las montañas Franklin, largas y dentadas, como si un gigante hubiera empezado a arar la tierra para plantar semillas y luego se lo hubiera pensado mejor.

Cuando necesitábamos alejarnos, Horace y yo subíamos a la cima de la montaña. Nos sentábamos en la cima y contemplábamos el paisaje marrón de El Paso, hasta Nuevo México y la frontera mexicana con Juárez. Desde allí arriba lo veíamos todo con claridad.

Me encantaba no tener que cocinar, no tener que limpiar, no tener sexo y poder sentarme en la montaña. Era un placer sublime.

Incluso los peores maltratadores no están enfadados todo el tiempo. Hay momentos de calma y buenos momentos, experiencias positivas que ayudan al maltratado a superar lo malo. Para mí, eran esos viajes a las montañas y los largos paseos a los estanques de Nuevo México para darles de comer a los peces. También íbamos a Western Playland a montar en las montañas rusas, y frecuentábamos el parque acuático Wet 'N' Wild y gritábamos tirándonos por toboganes tan altos como edificios de oficinas y luego flotábamos por el río lento como si no tuviéramos ninguna preocupación en el mundo. Nos quedábamos todo el día en Wet 'N' Wild, donde cenábamos perritos calientes a la plancha o un sándwich de aguacate y bebíamos Slurpees.

Yo, soplando besos a los 15 años.

Esos momentos preciosos me dieron la oportunidad de volver a sentirme como una niña pequeña. Esos breves descansos me daban el respiro necesario para pensar que tal vez esta vida no era tan mala. Después de todo, vivíamos en un bonito adosado. Yo tenía un flamante Thunderbird negro. Parecía que teníamos una vida maravillosa, el tipo de vida que veía en las comedias de televisión.

En las comedias nunca se le pegaba a la gente, pero en mi mente juvenil seguía pensando que así se veía el éxito en la vida. Además, cuando me comparaba con mi prima Julie, que también había tenido una vida precoz, se había casado joven y ya tenía una familia, veía una vida parecida: a ella también le pegaban mucho. Como a la mayoría de mis primas. Hacían ver que lo que yo había vivido con Horace era normal. Yo era como ellas. Excepto que Julie solo conducía un Pinto.

Hay un costo cuando el sueño de libertad es lo que te define. Muchos de nosotros no necesitamos un amo para vender nuestros cuerpos y almas, nos vendemos a nosotros mismos. Y no nos damos cuenta de las invisibles cadenas mentales y emocionales que nuestros carceleros envuelven a nuestro alrededor, sobre todo cuando nos distraen las amenazas físicas o las opiniones de los demás.

El miedo es un arma de los maltratadores. Les da el control. Y saben qué partes de nosotros amenazar. Horace no solo me amenazaba con sus manos; me amenazaba con un arma. Algo de lo que no podría escapar o huir. Algo que no dejaría moretones que la policía pudiera ver. Algo que podría ser fatal con un apretón de su dedo.

Cuando vivimos con mis padres, su influencia se debilitó, pero el arma salía más cuando estábamos solos. Cuando intentaba irme, me ponía el cañón de la pistola en la cabeza para que sintiera el frío acero. Me lo ponía en la vagina. Apretaba el gatillo. Oía el chasquido demasiado fuerte del martillo y el corazón se me subía a la garganta antes de darme cuenta de que la pistola no estaba cargada y yo no estaba muerta. Se reía cuando me estremecía. Luego hacía amenazas, pero no solo sobre mí. Mi vida ya no parecía tan valiosa. No, amenazaba con algo más importante.

—Voy a matar a los niños —decía. —Voy a matar a tus padres. Voy a matar todo lo que esté relacionado a ti. Si yo no puedo tenerte, nadie podrá.

Así que cuando Horace sugirió que nos mudáramos, yo estaba tan bajo su hechizo de miedo y manipulación que ya no pensaba racionalmente. Ni siquiera estoy segura de cuánto quedaba de Monique, como me llamaban entonces, la niña que se había casado con tantos sueños y esperanzas.[1] No importaba lo que dijeran los médicos, el Servicio de Protección de Menores o mi madre. Si Horace me decía que tenía que hacer algo, lo hacía. De todo corazón.

La gente se queda estancada en el "por qué" de todo. No puedo desentrañar todo el asunto, pero algunas razones sobresalen en mi mente.

Una fue el miedo al arma.

Otra, todavía pensaba que lo amaba. Era el hombre que me había quitado la virginidad y me había hecho madre. En los buenos tiempos, me mimaba. Me compró coches. Me llevaba a lugares. Como dice la Biblia, dos se habían convertido en uno. El amor significa renunciar a todo por la felicidad de tu marido. Eso era lo que se esperaba de mí como buena esposa cristiana.

Y después del incidente con los servicios sociales, Horace también se disculpó y empezó a tratarme mejor. Eso equilibró la promesa que mi madre había hecho al mismo tiempo. Me dijo que me ayudaría a volver a la escuela y a cuidar de mis hijos si me quedaba en casa con ella. Al final ganó Horace. Después de comportarse mejor durante un tiempo, dijo que quería mejorar. Que si le quería, me quedaría con él y me iría de la ciudad.

El arma era el palo, y era uno bastante grande. Su amor declarado y su promesa de ser un mejor marido eran la zanahoria. Entre los dos, estaba dispuesta a huir de todo lo que había conocido. Probablemente habría estado dispuesta a dejar a mis hijos si eso era lo que Horace decía que tenía que hacer. Si hubiera dicho que teníamos que

---

[1] Como sabrás más adelante, no empecé a usar mi nombre de pila, Katrina, hasta mucho más tarde.

matarnos para encontrar la paz, también lo habría hecho. De alguna manera, seguir sus órdenes me parecía más seguro que resistirme. Pensé que no podía ser peor. Pero haría lo que fuera para proteger a mis hijos y a mi familia.

La iglesia era un lugar donde Horace no podía ocultarme completamente de los ojos de los demás. Todavía nos poníamos en la fila de oración todos los domingos por la mañana, todos los viernes por la noche, y todos los martes, para que nos ungieran con aceite, con la esperanza de que el Señor nos favoreciera.

Los moretones y los CPS no siempre podían ocultarse de los ojos de la congregación.

La mayoría de los miembros de la iglesia pensaban con bastante sencillez sobre esos problemas. Me aseguraban que si rezaba, Dios respondería. Que podían ayudar orando para que Horace no se sintiera mal. Una de sus excusas favoritas era: "El diablo le obligó a hacerlo", y me creía la idea de que su diablo era algo externo que se podía sacar de él, algo que se podía exorcizar. Me parecía sexy cuando Horace bajaba al altar a rezar para sacar al Diablo. Pensaba que quería cambiar, que mi hombre estaba poseído, y cuando se revolcaba por el suelo después de rezar, creía que el Espíritu Santo le había tocado de verdad y que mañana sería diferente. Nunca se me ocurrió que podía estar fingiendo, como yo había fingido el hablar en lenguas. Era su religión, en la que había crecido, y siempre parecía respetarla.

Simplemente no podía aceptar que el mal fuese únicamente suyo. Que ninguna oración, ni siquiera la de toda una congregación, pudiera sacar al diablo de una persona que no quisiera que se fuera.

Mi pastor no era muy optimista. Nuestro pastor era el superintendente de la iglesia. Siempre con traje y corbata, siempre sonriente; era bajo, regordete y calvo, y llevaba gafas. Pero antes de que nos mudáramos a Luisiana, dijo algo sorprendente que, con toda la borrosidad de mi memoria, todavía puedo recordar tan nítidamente como el día.

—Por favor, no vayas —me dijo. —Si vas, Dios te hará caminar por el desierto.

Nunca había escuchado eso antes. Confundida, pregunté:

—¿Qué es el desierto?

Hizo una pausa y luego dijo solemnemente:

—Dios hará lo que tenga que hacer para proteger a los que ama.

No sabía a qué se refería. Pero cuando más tarde me encontré en el desierto, vi lo que era.

Dolor.

Parte 2
El desierto

Capítulo 4
Tiempos difíciles en el Big Easy

Tardamos ocho horas y media en llegar de El Paso a Nueva Orleans. Parecíamos una familia feliz en una gran aventura. Horace y yo escuchamos música góspel durante la mayor parte del trayecto: Mississippi Mass Choir, Fred Hammond y cosas por el estilo. Los chicos iban detrás, jugando y riéndose. De vez en cuando les poníamos algo de música, como Barney o Plaza Sésamo. Me encantaba ver las sonrisas en sus caritas cada vez que les miraba. Parecían disfrutar de verdad de ese largo viaje en auto. Hicimos algunas paradas en McDonald's y KFC, y a mitad de camino nos detuvimos en un área de descanso para que pudieran estirarse y respirar aire fresco. El viaje fue tan tranquilo. Casi podía creer que todo sería diferente. Que realmente nos convertiríamos en la familia feliz que parecíamos en ese viaje.

Pensé que tal vez eso era realmente posible. Después de todo, el paisaje cambiaba cada vez más cuanto seguíamos alejándonos de El Paso. Pasamos de las escarpadas montañas marrones y los matorrales desérticos de El Paso al verde de Nueva Orleans. ¡Tan verde! Eso fue lo que más me impresionó. Tanta vegetación. Y agua. Para llegar a la ciudad había que pasar por encima de los pequeños arroyos y riachuelos de los *bayous*. Vastas extensiones de pantanos llenos de mosquitos y caimanes, con juncos ondulantes, hierbas y árboles achaparrados que hacían que el suelo pareciese sólido, pero sabías en el fondo de tu mente que si pisabas ese suelo, caerías directamente a profundidades desconocidas de agua turbia.

Nos instalamos en un segundo piso de los apartamentos Maple Leaf, en la orilla oeste de Nueva Orleans, cerca de Metairie, al otro lado de la calzada del lago Pontchartrain. Luke, el primo de Horace, le había ayudado a elegir el lugar. Yo tenía diecisiete años y estaba embarazada de seis meses de mi hija, mi tercer hijo en otros tantos años. Junior aún no había cumplido los dos años y Kenneth aún no tenía uno.

No tardé mucho en estar de acuerdo con la opinión de mi papi sobre Nueva Orleans. Aunque ahora aprecio la ciudad y disfruto ir para allá, cuando llegamos me pareció un poco espeluznante. Parecía que se hablaba mucho de vudú y hechizos. Además de todos esos cementerios con tumbas en la superficie.

Con el tiempo, nos establecimos, y todo eso dejó de molestarme tanto. Horace consiguió trabajo en una tienda. Eso me alivió porque no quería que traficara droga en Nueva Orleans. Quería empezar de nuevo, y las drogas nos habían metido en problemas. Trabajé de camarera en un restaurante llamado Shoney's. Como Horace no creía en las guarderías costosas, o, para ser más exactos, no quería que nadie se entrometiera en sus dominios, una vez más, él trabajaba en el turno de noche y yo en el de día, así que intercambiamos el cuidado de los niños. Aunque al principio tuvimos problemas para pagar las facturas, Horace siempre se las arregló para mantener económicamente a su familia. Pero su esfuerzo por mantenerse en el buen camino, no pudo con el dinero fácil del Big Easy, un nombre alterno popular para Nueva Orleans.

Conocí los proyectos de viviendas por primera vez en Nueva Orleans. Nunca había estado en un barrio de viviendas sociales, pero Horace tenía muchos familiares que seguían viviendo en Fisher y St. Thomas. Los proyectos de St. Thomas eran viejos, realizados en medio de Nueva Orleans. Y eran peligrosos. La policía no iba allí por la noche. Hasta entonces había vivido con la violencia oculta en casa, pero ahora comprendía la violencia cotidiana en la que había crecido

Horace. Las drogas se vendían abiertamente en las esquinas. Las peleas estallaban delante de ti. De vez en cuando, un disparo resonaba en los callejones. Incluso de día, la policía tardaba una eternidad en llegar. Pero me sentía segura con Horace. Tenía su pistola y la gente se mantenía alejada de él. No entendía muy bien, o negaba, lo que significaba ese alejamiento.

La familia de Horace me recibió con los brazos abiertos, pero no podían pasar por alto mi edad. "¡Vaya!", decían, "¿cómo te casaste tan joven?". Me cansé de contar la historia. Estábamos enamorados. Mi madre firmó los papeles. Nos casamos. Pero seguía oyendo las palabras "pedofilia" susurradas al margen de las conversaciones. Me incomodaba, pero mi nueva iglesia y el pastor Samuel me tranquilizaron. Llevaba una vida sencilla, no tenía televisión y celebraba los servicios religiosos en su pequeña casa. Me dijo que las mujeres también se casaban muy jóvenes en los tiempos de la Biblia y que en el Antiguo Testamento era normal que los hombres tuvieran varias esposas y golpearan a las suyas.

Una vez instalados, como en El Paso, materialmente, en apariencia, nuestra vida parecía hermosa. Un bonito apartamento de tres habitaciones, muebles nuevos, un buen auto. Salíamos a cenar a Shoney's o íbamos a por pescado. Su familia organizaba cangrejos hervidos y pescado frito en el parque, con buena música, baile y juegos de picas y dominó. Los niños corrían libres como pájaros. Era como una película de Tyler Perry en la que la abuela salía a rezar, la vieja tía molestaba a todos para que hicieran bien la comida y los hombres bromeaban y jugaban al dominó. Una reunión familiar de la mañana a la noche. Todo era nuevo y maravilloso. Solía esperar con impaciencia esos momentos, en los que podía jugar al kickball con los niños, tirarme por el tobogán y columpiarme en la penumbra, de un lado a otro, como si me mecieran hasta dormirme.

Durante este nuevo periodo de luna de miel en el que comprábamos cosas nuevas y dejábamos la casa como queríamos, sentí que aquí encontraríamos nuestro "felices para siempre". Sentía que había llegado, que ahora estaba en mi propia casa, y que era mejor que la que habían tenido la mayoría de mis primas. Nuestra casa estaba decorada en blanco y negro. Teníamos un gran televisor con sonido envolvente. Todas las habitaciones estaban completamente amobladas, ¡incluso la de los niños estaba decorada con el tema de las Tortugas Ninja! Yo lo elegí todo. Horace me llevaba de compras. Fue una experiencia muy grata. Vivía a lo grande, aunque tuviera que acostumbrarme a la comida criolla. Viniendo de El Paso y de casa de mi madre, estaba acostumbrada a la comida mexicana y a las especias. Ahora allí estaba comiendo alubias rojas y arroz cargado con especias criollas, algo totalmente diferente a lo que hacía mi madre, además de gumbo, y cangrejo de río.

Pero todo eso era otro tipo de prisión. Una burbuja dentro de la que vivías, donde podías ver al mundo pero no interactuar con él. Apóyate demasiado fuerte en esa cobertura fina y brillante, ¡y PUM! La burbuja estallaba y toda la fealdad que contenía se derramaba.

Intentaba no tocar la cobertura de la burbuja. No quería enfadar demasiado a Horace. No sabía qué les haría a mis hijos o incluso a mi hermano, que, en el calor opresivo de la vieja ciudad, me daba cierta forma de protección.

Protección

Mi hermano mayor, Tony, con permiso de mi madre, nos siguió a Luisiana a pesar de estar recién casado. Mi madre temía que Horace me matara y dijo que necesitaba la protección de Tony. Así que dejó su trabajo, se mudó con su mujer a Nueva Orleans e hizo todo lo que pudo por protegerme de Horace. Al principio vivieron con nosotros, se quedaron unas seis semanas. Pero nuestra luna de miel no tardó en terminar y Horace volvió a las andadas. La mujer de Tony tuvo que presenciar las peleas entre Horace y yo, algo que no esperaba hacer nunca. A veces incluso se involucraba, para cubrirme las espaldas. ¡Entonces Tony llegaba a casa de su trabajo y tenía que defender a dos mujeres!

Horace acabó echándolos por interponerse entre nosotros. Pero mi hermano se tomaba en serio su trabajo de protegerme. Se mudó a solo cinco minutos para poder vigilarme e ir rápidamente si le llamaba. Él era mi salida si alguna vez la necesitaba.

Esa mudanza inició una tendencia, un llamado que Tony no podía dejar. Hoy vive a solo cinco minutos de mí. Mi ángel de la guarda. En aquel entonces, cuando las cosas se ponían difíciles entre Horace y yo, llamaba a mi hermano y él venía a nuestro apartamento. A menudo, amenazaba con llevarme lejos, lo que funcionaba hasta cierto punto, o tal vez funcionaba la amenaza de su propia pistola. Porque Horace me suplicaba: "Lo siento. Por favor, no me dejes. No puedes llevarte a mis hijos. Me suicidaré si me dejas".

Extrañamente, la madre de Horace empezó a hablarle de su abuso. No sé por qué nunca se involucró cuando vivíamos en su casa en Nuevo México. En Nueva Orleans, ella y Ted vivían al otro lado del río y los visitábamos a menudo con los niños. Cada vez que se metía con Horace por pegarme, él la escuchaba un rato. Algunas veces en las que discutíamos, cuando yo me asustaba, cogía el teléfono y la llamaba, y él se echaba atrás. Puede que fuera una dura capataz cuando yo vivía en su casa, pero pegarle a su nuera, que ahora era madre, era ir demasiado lejos. Y ella era la única persona a la que Horace le hacía caso.

Ellos dos, Tony y Lorraine, eran mis únicas protecciones al principio. Luego solo Lorraine, porque Tony acabó volviendo a El Paso. Él y su mujer decidieron divorciarse, ya que ella había tenido una aventura en Nueva Orleans. Como él la llevó allá, sintió que tenía que llevarla de vuelta a El Paso. Así nos crio mi madre. Antes de irse, vino a verme para decirme que se iba porque su matrimonio se estaba desmoronando, pero que si necesitaba algo, estaría a una llamada de distancia. Me dio un beso en la cabeza y un fuerte abrazo de despedida. Me costó soltarlo. Lloré, lloré y me aferré a él. Nunca habíamos estado separados mucho tiempo. No quería perderle.

Me sentía sola en Nueva Orleans. No tenía más amigos ni familia. No podía hacer nuevos amigos porque solo podía ir al trabajo y a la iglesia. En el trabajo, todo el mundo pensaba que mi cara sin maquillaje, mi coleta permanente y mis vestidos hasta la rodilla eran raros. Ni siquiera escuchaba música laica. Tampoco entendía hasta qué punto mi sumisión alejaba a la gente. Era tímida. No hablaba a menos que me hablaran, y cuando lo hacía, nunca hacía contacto visual, siempre hablaba con la cabeza en el suelo. Tenía la paranoia de que Horace supiera de algún modo si miraba a otro hombre, lo que me valdría una bofetada o una acusación humillante.

En la iglesia, como cabeza de familia, Horace gobernaba mis interacciones. Si obedecía a mi marido, sería agradable a los ojos de Dios. Eso significaba que el contacto con los demás se limitaba a la oración.

Teníamos vecinos que intentaron ayudarme cuando nos mudamos allá. Eran hispanos, y me sentía como en casa cuando estaba cerca de ellos, ya que la mayoría de nuestra comunidad era afroamericana. En un momento dado, incluso fueron e intentaron interrumpir una de nuestras peleas. Eso no hizo más que aumentar la ira de Horace, que acabó peleándose con el vecino. Fue entonces cuando Horace me prohibió seguir hablando con ellos. Obviamente, esa amistad fue muy corta.

Solo hablaba con mis padres a la mitad de la noche, cuando Horace estaba en el trabajo, para evitar problemas. No les contaba las cosas malas porque no quería que fueran a vernos, ya que no sabía cuáles serían las repercusiones. Quería protegerlos, así que fingía que todo iba mejor. Algunas noches, después de colgar el teléfono, iba a la habitación de mis hijos y me quedaba abrazada a ellos. Otras noches, lloraba hasta quedarme dormida.

Vivíamos en un cómodo e incómodo patrón de violencia y reconciliación. Me pegaba o me amenazaba y al día siguiente me compraba regalos y me decía que me quería, que era guapa.

Decía: "Lo siento mucho. Nunca más lo volveré a hacer".

Decía: "Si me dejas, mataré a toda tu familia. Todos iremos al cielo".

O decía: "Si te vas, me mato", y se ponía la pistola, una Beretta Black de 9 mm, en la cabeza. Esas noches, dormía con esa pistola en su mesita de noche.

Era una montaña rusa de la que no podía bajarme. Mi marido me había atrapado. Me había encadenado emocional y mentalmente, aunque no estuviera aprisionada por barrotes de acero.

Pero he aquí una locura: si te subes a una montaña rusa el tiempo suficiente, un día te das cuenta de que has dejado de gritar. Aprendes a acostumbrarte al viaje salvaje y aterrador. Descubrí cómo manejar sus abusos y sus amenazas, todos los altibajos. Horace no podía hacerle mucho a alguien que hacía casi todo lo que quería.

Desgraciadamente, mientras yo aprendía a soportar un puñetazo y a protegerme, al alcance de la mano había otros sin tales recursos: mis hijos.

Los inocentes

Cuando nos mudamos, Junior tenía poco más de año y medio y Kenneth unos nueve meses. A esas tiernas edades, Horace era de la opinión de que debían "saber más" y hacer exactamente lo que se les decía. Nunca les daba tregua, siempre era severo. Estricto.

La primera vez que Horace puso el grito al cielo después de mudarnos a Nueva Orleans fue porque los niños eran demasiados ruidosos mientras jugaban. No eran salvajes ni nada por el estilo. Siempre jugaban como uno espera que jueguen los pequeños: corrían en círculos por el apartamento y se reían o se sentaban a jugar con autos, Legos o sus Tortugas Ninja. Quizá de vez en cuando daban patadas a un balón, pero no a menudo. A Horace no le gustaba que saliéramos. De hecho, no nos dejaba salir a menos que fuera con él. Un día estaba dormido en el sofá después de trabajar en el turno de noche. Siempre dormía allí, así que no podíamos escabullirnos sin que nos oyera. Intenté que los niños no hicieran ruido, pero le despertaron sin querer. Sus gritos infantiles debieron de molestarle, porque se puso muy duro con ellos. Se quitó el cinturón, se lo puso alrededor del puño y les dio un puñetazo en el pecho. Al primer golpe, se quedaron tan aturdidos que tuvieron que recuperar el aliento antes de ponerse a llorar.

—¡Cállense! —Horace gritó. —¡Cállense de una puta vez!

—¡Solo son bebés! —intenté defenderlos. —¡Les vas a romper todas las costillas! Claro que están llorando. ¡Eso duele!

Se abalanzó sobre mí.

—¡Cállate, Monique, o haré lo mismo contigo!

—Pégame —recogí a los dos niños lloriqueantes en mis brazos, queriendo protegerlos con mi cuerpo y mi amor. —Son inocentes. Pégame a mí, pero no les pegues a ellos.

—¡Deja de defenderlos! No estoy criando mariquitas. Son hombres. No puedes mimarlos.

Sí, llamó "hombres" a mis hijos pequeños. No era la primera vez que les daba un puñetazo así, en medio del pecho, justificando que eran hombres jóvenes y debían poder aguantar los golpes. Ignoró mis súplicas de que parara, usando mi cuerpo como escudo.

Supongo que para Horace, la violencia era parte del ser humano. Pero yo no lo soportaba. Intercedía lo más que podía. A veces, también recibía golpes mientras él intentaba atravesar la barrera que yo trataba de hacer con mis brazos y piernas, metiendo mi barriga de embarazada entre los chicos y yo. Y esperaba el inevitable momento en que me adormeciera por el dolor.

Horace achacaba los peores incidentes a su diabetes. Decía que tenía lagunas mentales en las que cometía los peores actos de violencia. Yo solo tenía diecisiete años y no entendía cómo funcionaba la enfermedad. Era mi primer contacto con ella. Solo sabía que ponía en peligro la vida (porque era lo que él me había dicho). Y que provocaba comas. Cuando vivíamos con mi familia, le encontraron un par de veces en coma diabético. Podían haberle dejado morir, pero en lugar de eso llamaban a la ambulancia. Yo no entendía entonces que él no tenía por qué entrar en esos comas, que eran consecuencia de que no controlaba su enfermedad. Yo solo pensaba que era un síntoma de lo grave que era la enfermedad y de lo mucho que me necesitaba. Y pensé que explicaban sus ataques de ira.

Más adelante, supe que el trastorno bipolar era hereditario en la familia de Horace. Eso podría haber sido parte de su problema, también, aunque la mayoría de las personas que luchan con esa condición no hacen daño a otras personas. Así que realmente no sé por qué era tan violento. La violencia formaba parte de él y me dejaba ver fácilmente esa faceta suya, así que debió de pensar que ese nivel de comportamiento, el que yo presenciaba, estaba bien para él. Debió pensar que era aceptable.

Pero había otro nivel, más profundo, que incluso él sabía que iba demasiado lejos porque lo ocultaba. Como en el caso de los pies quemados de Kenneth, los moratones de aquellas sesiones de violencia eran sutiles, estaban ocultos. Kenneth, por supuesto, con la pregunta de dónde había sacado su tono de piel más claro rondándole la cabeza, se llevaba la peor parte. Siempre tenía pequeñas marcas y moratones. Yo le preguntaba de dónde habían salido y Horace me decía con cara solemne que había sido Junior.

Ahora, mirando atrás, después de haber sacudido la niebla de mi propio cautiverio, me doy cuenta de que estaba en negación. No quería creer que Horace era el causante de esas marcas y moratones en mi bebé. No quería verlo. Porque entonces, podría haberme forzado a hacer algo o convertirme en una persona con la que no podría vivir. Para salvar mi alma, no podía creerlo.

Entonces llegó Shaniqua.

Shaniqua

Recibí la mayor parte de mis cuidados prenatales en El Paso, en el hospital estatal de Thomason, antes de mudarnos. Estaba a punto de cumplir diecisiete años cuando nos mudamos, y todo el proceso, y el no conocer Nueva Orleans, retrasaron la búsqueda de otro ginecólogo-obstetra. No sería hasta el final de mi embarazo, a los ocho o nueve meses, que reanudé el cuidado, que fue más o menos cuando tuve a mi tercer hijo, una niña, en el hospital de New Orleans Parish.

Era mi primera niña. Era pequeña pero sana y perfectamente normal, con todo el cabello negro. La llevamos a casa con un vestidito rosa y una diadema rosa a juego con un gran lazo. La llamamos Shaniqua porque ese nombre tenía un significado para los musulmanes. Aunque estábamos inmersos en la iglesia pentecostal, Horace estaba fascinado con el islam, algo con lo que su madre no tenía nada que ver. De hecho, acabó aprendiendo a no hablar de su interés por ello con su madre. Sin embargo, muchas de las personas con las que se relacionaba en Nueva Orleans eran musulmanas. Empezó a estudiar el Corán y a practicar algunas de sus enseñanzas, como no comer cerdo, y con el tiempo quiso convertirse. Le gustaba que el islam estadounidense estuviera arraigado en la comunidad negra. A Horace no le gustaban los blancos. Tomó prestado el epíteto musulmán "diablos blancos" y lo utilizaba siempre que hablaba de los problemas que los blancos les causaban a los negros.

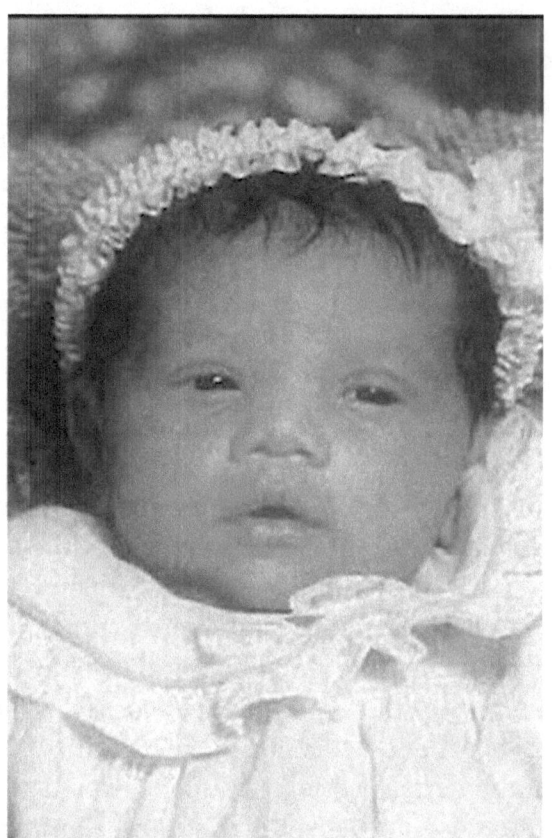

Shaniqua recién nacida.

Shaniqua era nuestra princesita. La vestíamos como a una muñeca y Horace se metía con los chicos por mirarla mal, aunque ellos también estaban contentos de tener una hermanita. Justo después de su nacimiento, Horace pareció tranquilizarse. Actuaba como un padre excelente. Llegaba a casa después de su turno de noche, jugaba con los niños y luego tomaba a Shaniqua en brazos. Realmente pensaba que las cosas habían cambiado con la presencia de esta dulce niña. Era como un ángel que traía paz a nuestra pequeña familia. Pero esa paz no se extendió a El Paso. Mis padres no fueron a ver a la niña enseguida. Seguían descontentos porque yo estaba en Nueva Orleans.

Todo cambió cuando Shaniqua cumplió tres meses.

Como de costumbre, volví directamente a casa después del trabajo. Normalmente, si trabajaba un turno temprano, llegaba a casa no más tarde de las tres o las cuatro de la tarde, aunque a veces me quedaba más tarde para hacer horas extras o para alcanzar mi objetivo de cantidad de propinas. Horace siempre recaudaba todas mis ganancias y propinas para ayudar a pagar el alquiler y las facturas y cualquier otra cosa que necesitáramos. Él sabía cuánto debía ganar en un día normal. Nunca me quedé con un céntimo de mi propio dinero. Ni siquiera tenía tarjetas de crédito a mi nombre. Es cierto que aún no era mayor de edad para tener tarjetas de crédito, pero aunque lo hubiera sido, como cabeza de familia, él habría tenido todo el control.

Ese día estaba agotada. Había trabajado doble turno. Quería quitarme el uniforme: la polo del restaurante, pantalones negros, delantal y zapatos de goma antideslizantes,* que siempre olía a comida rancia de restaurante por mucho que lo lavara. Me arrastré hasta la ducha, me puse el pijama y me acurruqué en la cama con mis hijos, disfrutando de mi tiempo con ellos mientras Horace hacía su última rutina de preparación del trabajo y se marchaba. Fue una transición normal y no mencionó nada sobre un día duro en casa.

Acosté a los niños poco después y volví a mi habitación y a la de Horace, donde Shaniqua, de tres meses, seguía dormida en un moisés en medio de nuestra cama de matrimonio. Las sábanas y el edredón eran de color negro azabache, como si reflejaran el estado de ánimo del mundo exterior que yo veía por televisión.

Aunque era julio, las noticias seguían centradas en el atentado del 15 de abril en Oklahoma City, que había ocurrido a principios de ese año. Nadie podía entender cómo podía ocurrir un atentado terrorista en suelo estadounidense. Era algo impensable. Increíble. El edificio federal Alfred P. Murrah había quedado reducido a una nube de escombros. Pensé que el Señor estaba a punto de regresar, cumpliendo la advertencia que siempre escuchaba de la iglesia: "Vivimos en el Fin de los Tiempos".

Un movimiento espástico sacudió mi atención hacia Shaniqua. Todo lo que podía pensar, mientras mi visión se enfocaba hacia el pequeño cuerpo que tenía a mi lado, bañado por la luz del televisor, era: "¿Por qué se está moviendo?

Llamé a Horace al trabajo.

—¿Te has dado cuenta de que Shaniqua está temblando? Se sacude cada cinco minutos.

—No —dijo Horace. —Estaba bien.

Colgué, pero algo no estaba bien. No se trataba de un sueño de bebé. Era un temblor aterrador, a intervalos regulares. Como un ataque.

Estaba ansiosa, nerviosa, y al límite, como todos los padres que ven una posible visita al hospital a mitad de la noche con tres niños pequeños a cuestas. No quieres que la enfermedad sea tan grave como para hacer esa llamada, pero no puedes descartar la evidencia que ven tus propios ojos. Llamé a mi madre y le pedí consejo.

—Mónica... —me dijo con firmeza. —...Eso no está bien. Los bebés no se retuercen así. Tienes que llevarla al hospital.

Tenía mi carnet de conducir, pero esa noche, debido a mi doble turno, no había llevado a Horace y regresado a casa. En vez de eso, él había tomado el Thunderbird, nuestro único auto. Así que un vecino nos dejó subir a todos a su auto y nos llevó a urgencias.

Expliqué al personal del hospital que había vuelto a casa del trabajo y la había encontrado retorciéndose, y que no paraba. Los médicos la llevaron a una habitación y me pidieron que esperara con los niños en la sala. Pequeños estantes de alambre de colores con bloques poblaban la zona como alegres jaulas de pájaros retorcidas, y servían para mantener a los niños ocupados.

Finalmente, me dejaron pasar a la habitación con los niños y empezaron a interrogarme. ¿Se ha caído? ¿Pasó algo? ¿Se cayó de la cama?

Las preguntas no paraban y yo tenía miedo. Yo repetía:

—¡No lo sé! Estaba en el trabajo.

Llamé a Horace para ver qué podía haber pasado, pero me dijo que no recordaba nada destacable.

—Escucha... —me dijo. —...Iré en cuanto llegue alguien a relevarme. Hagas lo que hagas, no le digas nada más a nadie. Deja de hablar.

Sin embargo, el personal del hospital no dejaba de atenderme. Los médicos ya conocían las respuestas que buscaban. Sabían lo que estaban viendo y estaban seguros de su diagnóstico.

Aumentaron las preguntas.

"¿Alguien la golpeó? ¿La sacudieron?" En las noticias se hablaba mucho del síndrome del niño zarandeado. Yo sabía de qué hablaban, pero no entendía cómo era posible. Las preguntas continuaban, las preguntas acusadoras continuaban. "¿Alguien la dejó caer? No tiene ningún moratón por fuera. ¿La sacudieron? ¿Quién hizo esto? ¿Cómo ha ocurrido?"

Yo repetía: "¡No lo sé!", porque no lo sabía. Solo quería saber qué le pasaba. ¿Se iba a poner bien? ¿Iba a vivir? ¿Por qué no me decían lo que le pasaba en vez de hacerme todas esas preguntas para las que yo no tenía respuestas? Me hacían preguntas con tono acusador y mirándome a la cara.

Entonces descubrí por qué estaban tan preocupados.

Decían que un chichón enorme en la cabeza de Shaniqua no era habitual en las caídas normales de los bebés. Una caída, incluso una mala caída accidental, no podía explicarla. Luego me dijeron que tenía múltiples lesiones. Estaba tan mal que la iban a trasladar al Hospital Infantil de Nueva Orleans. No me dieron más detalles porque ya estaban avisando a las autoridades.

En algún momento, Horace, preocupado y confundido, se unió a nosotros y nos llevó a los niños y a mí al hospital infantil. Shaniqua fue trasladada en helicóptero. Fue un viaje tranquilo en auto, salvo por las peticiones de oraciones. Llamamos a todos nuestros conocidos para que nos ayudaran a rezar por nosotros.

En lugar de un equipo médico, ocho policías nos recibieron en el hospital. Inmediatamente nos separaron, a mí por un lado y a Horace y los chicos por otro. Nos hicieron esperar con los niños por turnos. Asustada y confundida, lloré hasta que todo mi cuerpo se estremeció por los sollozos. "¡Solo quiero estar con mi hija!". Seguí gritando, pero pasó mucho tiempo hasta que alguien me llevó a verla.

Cuando por fin me dejaron subir a su habitación, me costó verla. Había tubos por todas partes, un respirador sonando de fondo junto con otras máquinas que zumbaban y hacían ruidos y mostraban números digitales parpadeantes. Toda esa tecnología intentaba mantener con vida el pequeño cuerpo inerte en medio de la gran cama del hospital. Fue entonces cuando me informaron de sus lesiones: una vena rota en el ojo, seis costillas rotas, dos piernas rotas y una fractura de cráneo. Todas eran internas, así que no había podido verlas, solo sus consecuencias.

Me dijeron que si hubiera llegado a Urgencias más tarde, ya habría muerto.

¿Cómo *ocurrió*?

El personal del hospital me preguntó si teníamos dinero para un hotel. Cuando les dije que no, me dijeron que podíamos alojarnos gratis toda la familia en la Casa Ronald McDonald del campus del hospital porque no podíamos quedarnos en el hospital con los dos niños. Para entonces ya sabía que nosotros, los padres, estábamos siendo investigados por maltrato infantil.

¿Cómo *había* ocurrido? Sabía *cómo* responder a esa pregunta. Pero no *quería* contestarla.

Lo primero que hice cuando los niños y yo nos instalamos en nuestra habitación de la Casa Ronald McDonald fue llamar a mi madre, a mi papi y a mi hermano. Los necesitaba más que nunca.

Horace estaba estoico, tranquilo. Muy tranquilo. No paraba de decir que nadie sabía de lo que estaban hablando. Me dijo que orara.

Debido a todo lo que había pasado, todo lo que había presenciado, me había convencido de que nunca llegaría a esto. Me había convencido de que estaba haciendo lo mejor para mis hijos a los ojos de Dios al mantener a nuestra familia unida a su padre, que podía mantenerlos.

A la mañana siguiente, recuerdo que me puse un vestido marfil con flores por todas partes. Algo esperanzador, para mi hija. Fui al hospital cuando empezó el horario de visitas para ver a Shaniqua. Pero el personal me dijo:

—Lo sentimos, pero ya no podemos permitirle ver a su hija.

Sin embargo, allí había un angelito, una enfermera que sabía lo angustiada que estaba, que lo único que quería era ver a mi niña una vez más. Se acercó a mí y me dijo:

—Voy a dejarte entrar, aunque se supone que no debo hacerlo. Puedes estar allí solo cinco minutos, y luego tendré que sacarte o me meteré en problemas.

Me llevó a una sala llena de máquinas. Allí, en medio, estaba mi niña. Tan quieta y pequeña, con tubos serpenteando por todo su cuerpo. No sabía si viviría o moriría. Tomé su manita, lloré y oré, besé su frente y rogué a Dios que la protegiera. Pronto, demasiado pronto, la enfermera volvió y me dijo que tenía que irme. A pesar de lo desconsolada que estaba en aquel momento, recuerdo que agradecí mucho aquel acto de gracia de la enfermera.

Salí de la habitación oyendo el pitido constante de las máquinas. Sonaban como animales heridos perdidos en algún lugar de la maleza.

El pastor Moore tenía razón. Había entrado en el desierto.

Retribución

Shaniqua sobrevivió a su calvario, gracias a Dios que veló por ella.

Sus padres, las personas encargadas de protegerla, tuvieron un ajuste de cuentas diferente.

En el hospital nos aconsejaron ir a casa y asearnos antes de ir a la comisaría. Me duché y le di de comer a los niños, pero no tenían hambre. Cuando fuimos a la comisaría, Horace, todavía tranquilo, me dijo que no hablara con nadie sin la presencia de un abogado. No entendía. Yo no había hecho nada malo. ¿Lo había hecho? En realidad, sí. Había venido a Luisiana y me había traído a mis hijos. Eso seguía sonando en mi cabeza. Debería haberme quedado en casa.

Los CPS nos recibieron en la comisaría y se llevaron a Junior y a Kenneth. Luego nos interrogaron por separado.

Después de que los médicos determinaran que se trataba de un caso de maltrato, llamaron a una detective, una mujer blanca llamada Katie. La detective Katie me interrogó a solas durante seis u ocho horas seguidas. Después de atosigarme, me preguntó con calma:

—¿Sabes con quién te casaste?

—¡No entiendo lo que dice! —estaba tan asustada y confundida y simplemente agotada. Nada tenía sentido.

—Bueno, tu marido tiene un historial criminal de un kilómetro de largo —eso me sorprendió. Conocía el tráfico de drogas (aunque había confiado en que lo dejaría), pero el robo y otros delitos que me mostraron eran nuevos para mí. —Te manipuló —insistió. —Pero hiciste una cosa mal: te quedaste. Te quedaste después de tu primer caso de CPS en El Paso. ¿Por qué no te fuiste entonces?

Su pregunta hizo eco con la que yo me había estado haciendo. ¿Por qué no lo dejé entonces? Le dije que tenía miedo. Le dije que la Biblia decía que debía seguir a mi marido.

Pero en ese momento, con la vida de Shaniqua en la balanza, no sabía realmente por qué me había quedado con un monstruo. Me culpé por poner a mis hijos en peligro.

—Debería haberme quedado con mis padres —susurré.

Y ahora era demasiado tarde, y me juzgarían.

Me llevaron a los niños. Jugaban a mis pies. Junior, con su gran sonrisa, y Kenneth, regordete y con el pelo rizado, lucían tan dulces, tan inocentes. Cada vez que me veían llorar durante el interrogatorio de Katie, me abrazaban y me secaban las lágrimas de la cara.

Pero entonces la detective Katie me asestó un gran golpe, uno que no pude esquivar.

—¿Tiene a alguien aquí que pueda llevarse a los niños?

—No. ¿Por qué tienen que quitarme a mis hijos?

Me miró directamente a los ojos.

—No quiero hacerle eso, pero voy a tener que arrestarle como cómplice después de los hechos.

En aquella época, los casos de abuso infantil estaban por las nubes en Nueva Orleans. Los niños se morían, y las autoridades no estaban de humor para ser amables. Acabaron acusándome y condenándome como cómplice de intento de asesinato, un delito grave con una dura condena.

—Porque usted es la madre —dijeron. —Y todo esto se podría haber evitado si se hubiera marchado la primera vez que se produjeron los abusos.

La primera vez.

Debería haberme ido después de los pies quemados de Kenneth.

No. Debería haberme ido después de acabar en el hospital la primera vez.

No, después de la primera vez que me pegaron. Debería haberlo hecho.

Pero no lo hice.

Y ahora vendría mi castigo.

Nos arrestaron a Horace y a mí en la comisaría. Podía oír a mis hijos gritando: "¿Mami? ¡Mami! ¡*Mami*! "¡Por favor, no me dejes!" Se agarraban a mis piernas mientras me alejaba de ellos. Les prometí que todo saldría bien, pero no sabía si era una promesa vacía. Fue uno de los días más duros de mi vida.

Desesperada, llamé a mis padres.

—¡Tienen que venir! ¡Tienen que venir a buscarlos!

Eran las únicas personas que tenía. Horace llamó a sus padres, pero no quisieron involucrarse. Creo que vieron todo el asunto como una vergüenza para la familia. Y yo no quería que se quedaran con los niños, conociendo el hábito de drogas de Ted. Pensé que sería mejor un hogar de acogida. Le rogué a la policía que entregara a los niños a mis padres.

Hasta el último momento, cuando nos separaron en comisaría, Horace había insistido en que estaríamos bien.

—Lo superaremos —me prometió. —No hables con nadie —sus palabras resultarían irónicas, ya que después no nos dejaron comunicarnos entre nosotros. Nada de visitas. Ni llamadas. Ni siquiera cartas.

Es irónico, también, que lo único que yo creía que demostraba mi bondad hacia Dios, permanecer juntos, fuera lo que al final nos separó.

Existe la vieja creencia de que el infierno se desata cuando las chicas de la escuela católica se van a la universidad. Las cadenas de las expectativas familiares y las estrictas normas escolares se desprenden con los uniformes a cuadros, y las adolescentes sometidas no pueden soportarlo. Es como si hubieran vivido toda su juventud en una botella de refresco que se ha agitado y ahora se ha destapado. Las malas decisiones vienen de no tener práctica en tomar malas decisiones cuando son jóvenes; nunca se les ha permitido seguir sus propias reglas o tomar sus propias decisiones, así que no saben cómo tomar las buenas. Y ahora son casi adultas, con tentaciones y consecuencias casi adultas.

Si se les quitan las cadenas del decoro, se convierten en demonios, o eso dicen los viejos. Cosas similares se decían de los esclavos, como justificación de los esclavistas del Sur para mantenerlos en la esclavitud. Si los liberaban, sería el caos.

Libertad y cadenas. Dos extremos de un espectro de control, en el que una persona siempre tiene total poder sobre otra. Creo que necesitamos libertad en nuestras vidas, en cada etapa de nuestra vida. La libertad de cometer errores con consecuencias limitadas, o al menos informadas. En realidad, para adquirir los conocimientos necesarios para saber cuándo quedarnos y cuándo marcharnos.

Fichada

Me ficharon con una muñequera roja, para señalar la gravedad de mi delito. La amarilla era para delitos menores. Naranja para delitos graves. La roja era por asesinato.

Sin saber exactamente dónde iban a parar mis hijos en manos del Servicio de Protección de Menores, y aislada de Horace, comencé mi viaje a la cárcel cuando la policía me metió en una celda con otras mujeres en la parte trasera de la comisaría. Aún llevaba puesto el vestido de verano floreado que usaba cuando me levanté aquella mañana para ir al hospital a ver cómo estaba Shaniqua. Llevaba el pelo recogido en una coleta. Parecía un alegre ramo de flores que le regalarías a tu abuela, pero tenía los hinchados de tanto llorar.

Me quedé callada en aquella celda, esperando lo que vendría después. No quería comer. Solo lloraba. Lloraba y lloraba. Incapaz de parar.

Sentía mucho mi juventud bajo los ojos endurecidos de mis compañeras de celda.

—Caperucita Roja —me decían desde las esquinas de la celda con pintura desconchada. —Caperucita Rojaaaaaa... ¿qué has hecho para terminar acá? ¿Dónde te extraviaste?

No contesté. Estaba nerviosa. Tenía miedo. Esa mañana había sido libre con tres niños pequeños, un marido y un Thunderbird negro. Ahora, a los diecisiete años, era cómplice de asesinato y estaba presa.

¿En dónde se había torcido mi vida?

Siendo sincera conmigo misma, tenía que admitir, al menos en mi cabeza, que había estado viviendo una vida de ensueño, una fantasía. Me había permitido creer que, a pesar de las palizas, los abusos y los malos tratos, vivía una vida de ensueño en mi apartamento totalmente amoblado. Le pregunté a Dios por qué no había escuchado a mis padres. ¿Por qué no les hice caso? Mi hija estaba a punto de morir porque no escuché. Mis hijos ya no estaban conmigo porque no escuché. Ahora había aprendido esa lección. ¿Qué era lo siguiente? ¿Qué estaba tratando de mostrarme Dios?

Capítulo 5
Definida por un número

No habían pasado ni cuarenta y ocho horas desde que llevé a mi hija al hospital, menos de veinticuatro horas desde que me detuvieron, y me impusieron una fianza de 50.000 dólares. No podía pagarla. No tenía dinero a mi nombre ni a nadie dispuesto a pagarla. No tuve más remedio que ir a la cárcel. Esta vez, la prisión no estaba construida solo con cadenas mentales y emocionales. Tenía barrotes de acero y alambre de espino.

Con los susurros de las otras mujeres de la celda de detención todavía deslizándose por mi cabeza, y sintiendo la banda roja como si me quemara una cicatriz permanente en la muñeca, me llevaron de nuevo a una gran y vieja celda con sesenta literas. Había una fila de treinta a un lado de la habitación y otra fila de treinta al otro. En un extremo había un televisor; en el otro, las duchas y los lavabos. Estaban abiertas de par en par, sin puertas ni cortinas. Todo lo que veía era de acero inoxidable: los lavabos, las duchas, las camas. Todo estaba abierto. Todo expuesto.

Las guardias nos vieron quitarnos la ropa. Luego nos dijeron que nos agacháramos, abriéramos las nalgas y tosiéramos tres veces. Supongo que era una forma de asegurarse de que estábamos limpias y no escondíamos drogas o algo así. Después nos dieron para ponernos sandalias abiertas y monos naranjas. En la espalda del mono estaba impreso en grandes letras negras: OPP, que significaba Prisión Parroquial de Orleans, en español.

Me dieron la litera de arriba. Me subí y me pasé la noche llorando.

La celda

Desde que estuve en la prisión de Orleans Parish, ha habido cambios en la estructura de los edificios[2]. Cuando yo estuve allí, se suponía que las celdas eran para reclusas que habían cometido delitos leves, o que, por la razón que fuera, solo estarían allí durante un corto periodo de tiempo. Yo estuve allí unos cuarenta y cinco días (la primera vez) antes de que me trasladaran a Templeman III, que era donde iban los acusados de delitos graves.

En la celda no teníamos nombres de pila. Cuando las frías luces fluorescentes señalaban que ya era de día, se pasaba lista, la primera de tres cada día. Oía "¡Kennedy!" y contestaba, que era lo único que decía al principio. El resto del tiempo durante esas dos primeras semanas, lloraba, leía la Biblia, rezaba y no hablaba con nadie, es decir, cuando no estaba disparando la factura telefónica de mis padres llamándoles a cobro al destinatario cada quince minutos.

Las madres, como supe que las llamaban, eran reclusas mayores que se sentaban en los extremos de sus camas y hablaban todo el día. Me traían comida, pero yo no comía. Por fin, un día, una señora mayor se acercó a mi litera y me dijo:

—Caperucita roja, vas a tener que comer —se sentó cerca de mí. —Déjame peinarte.

---

[2] Quizá lo más notable fueron los cambios que se produjeron tras el paso del huracán Katrina en 2005. Aunque la prisión nunca fue conocida por su excelente trato a los reclusos, nadie habría esperado jamás lo que el personal hizo a los presos durante aquella tormenta de categoría 5. Los abandonaron. Dejaron que 640 seres humanos tuvieran que ingeniárselas para sobrevivir sin acceso a alimentos, agua potable ni ventilación. No hay un recuento oficial de muertos, pero Human Rights Watch afirma que 517 presos están "en paradero desconocido".
https://www.hrw.org/news/2005/09/21/new- orleans-prisoners-abandoned-floodwaters

Quizá porque tenía una especie de energía maternal, confié en ella. Dejé que me hiciera trenzas. Trabajó en mi pelo, trenzándolo, y me prometió que estaría bien. Otra mujer, más joven, me prestó bolígrafos y papel para escribir cartas a casa. Me explicó lo que era el economato.

El economato era una especie de tienda. Si tenías familia o amigos fuera, podían poner dinero en "tu libro". Entonces podías ir al economato y usar ese dinero para comprar cosas. Pasaron dos semanas hasta que pude poner mi nombre en los libros del economato. El sistema no tiene prisa por hacerlo porque la mayoría de la gente que cae en la cárcel pasa allí la noche y sale bajo fianza, así que no lo necesitan. Mientras tanto, no me quedaba más remedio que pedirle papel prestado a aquella amable mujer y utilizar un jabón y un champú muy genéricos para ducharme.

Solo podíamos ducharnos por las mañanas, y tenía que ser rápido porque se quedaban sin agua caliente. Pero nadie tenía que decirme que fuera rápida. Odiaba ducharme. No había intimidad. Había unas ocho duchas alineadas en la pared, sin cortinas ni paredes: estabas completamente expuesta cuando querías ducharte. Todas teníamos que ducharnos por la mañana, ¡y éramos sesenta!

Algunas mujeres me silbaban. Otras me gritaban: "¡Caperucita roja! Qué guapa eres". Me tapaba todo lo que podía mientras me lavaba. Estaba muy asustada. Me sentía intimidada. Lo único que se me ocurría, sobre todo al principio, era lo que había aprendido en las películas: ¿y si me violaban? Rápidamente aprendí a ser de las primeras en entrar, muy temprano por la mañana, cuando había menos gente despierta. Frente a las duchas había una fila de inodoros. Así que podías estar usando un inodoro con alguien duchándose justo delante de ti: ambas podían mirarse. Era una locura.

Tardé unas semanas en acostumbrarme. Al principio casi nunca salía de mi litera, a menos que fuera para darme una odiada ducha o para llamar a mis padres. Los llamaba, o acudía a ellos, lo más que podía. Me ponían al día sobre los niños. Noticias muy limitadas porque Shaniqua seguía en el hospital y mis hijos en acogida. Mi madre me aseguraba que ella y mi papi estaban haciendo todo lo posible para conseguir la custodia de mis hijos. Me prometió que no teníamos de qué preocuparnos. Que Shaniqua se recuperaría y estaría bien. Que ella tendría a mis hijos, que pronto estaríamos todos juntos. Eventualmente, nos quedábamos sin cosas que decir en la llamada, pero yo no quería que terminara. Oír su voz era lo más parecido a un hogar que tenía en aquel entorno, un entorno lleno de monstruos, como yo lo veía al principio.

Tenías que aferrarte a lo que tuvieras. Nos daban a cada una: una toalla, una manta, una almohada, aquel jabón y champús genéricos, un cepillo y un rollo de papel higiénico que tenías que llevar contigo cada vez que necesitabas ir al inodoro. Por escaso que fuera todo, la gente robaba cosas, sobre todo mantas en invierno cuando hacía frío y toallas en cualquier época del año. Y cuando se acababan las toallas, se acababan todas. No conseguías otra a menos que alguna conocida te la dejara o te la diera.

En un momento determinado, pude pasar de una litera de arriba a una de abajo y entonces usé mi toalla como una cortina para tener cierta sensación de intimidad. Y con el tiempo, tuve acceso al economato. Las cosas cambiaron y me di cuenta de que me asustaba con menos frecuencia. Me estaba acostumbrando a estar en la cárcel.

Mi familia, y Daniel, mi primer amor, ponían dinero en mis libros para que pudiera comprarme "lujos" como jabón Dial, galletas Oreo y bolígrafos y papel. Más tesoros que atesorar y mantener a salvo de los demás. Pero también devolví el favor a todas las que se habían portado bien conmigo. Como la señora afroamericana mayor que me había trenzado el cabello. Era corpulenta y me daba caramelos o fideos ramen del economato antes de que yo tuviera dinero para mis libros. Llevaba allí un par de años, esperando a ver cuál sería su destino. Esperando su día en el tribunal. Cuando empecé a hablar con otras, me di cuenta de que no era la única. Tantas personas no tenían idea de cuánto tiempo más estarían allí. Eran como yo. Entonces empecé a hablar con más gente, a establecer contactos, a hacer que se sintiera más como en casa, supongo.

Todos los días se llamaba a la gente por sus nombres. A veces parecía que cada quince minutos llamaban a un apellido por el interfono con "saliendo". Eso significaba que estaban siendo liberadas. Cada vez que oía un ruido por el intercomunicador, rezaba: *"Por favor, di "Kennedy, saliendo""*. Nunca oí esas palabras. Aunque salía de vez en cuando para ir al juzgado, que era donde veía a menudo a Horace.

Viendo a Horace

—¿Cómo estás, Monique? —Horace preguntaba cada vez que teníamos que ir a la corte. Lo llevaban a la zona de celdas de detención y lo colocaban en el lado de los hombres de una pared divisoria. A mí me llevaban a la misma celda y me colocaban en el lado de las mujeres. Estábamos tan cerca que podíamos escucharnos hablar. Me esforzaba por entender lo que pensaba, sentía y hacía. Le odiaba por lo que le había hecho a nuestra hija, por separar a nuestra familia, por meterme en la cárcel... pero una parte de mí sentía alivio cada vez que escuchaba su voz, esa voz familiar que me preguntaba cómo estaba. Cada vez que tenía la oportunidad de apretarme contra la pared y saber que él estaba al otro lado, tenía una extraña sensación de consuelo.

Hablábamos durante quince o veinte minutos. Era el único momento en que nos comunicábamos, ya que no se nos permitía escribir cartas ni llamarnos por teléfono. Técnicamente, no se nos permitía hablar entre nosotros en ese entonces, pero a menudo, cuando los guardias hacían un control, realmente no les importaba.

Él me preguntaba cómo estaba y luego iba a ver cómo estaban los niños. Mis padres se negaban a ponerse en contacto con él, así que yo le transmitía la información que ellos me contaban. Antes de separarnos, me decía que me buscara un abogado de oficio o que contratara a un abogado, lo cual era gracioso porque sabía que no tenía dinero. Luego añadía una promesa que, a medida que pasaba el tiempo, parecía una amenaza: "No digas nada. No tienen pruebas. Vamos a superar este caso y volveremos a estar juntos".

Teníamos que comparecer juntos ante el tribunal. Nos llamarían: "Kennedy contra Kennedy", es decir, Shaniqua Kennedy contra sus padres.

La sesión duraba solo unos cinco minutos porque una de las primeras preguntas del juez era siempre: "¿Qué pasa con el bebé?". Durante mucho tiempo, no había ningún cambio, así que el tribunal se reprogramaba. No podían acusarnos de nada hasta que tuvieran la seguridad de que Shaniqua viviría o moriría. Nuestros cargos dependían de su estado.

Nos escoltaban de vuelta a las celdas de detención, donde volvíamos a sentarnos como antes, al otro lado de la pared, y seguíamos hablando.

Ese escenario se repitió varias veces cuando estuve en la celda. Se convirtió en lo único que no formaba parte de mi rutina diaria y de mi vida allí.

Templeman III

—¡Kennedy! —un día escuché mi nombre por el interfono. ¿Podría ser mi liberación? No, resultó que me iban a trasladar. —Recoge tus cosas. Te van a trasladar.

—¿A dónde voy?

—A Templeman.

Templeman era donde iba la gente que había cometido crímenes mayores. ¿Por qué me llevaban allí? Nadie me lo diría. Tenía que hacer lo que me dijeran. Recogí las pocas pertenencias que tenía. Una vez más, me invadió el terror ante lo desconocido que me esperaba. Por fin casi me había acomodado en la litera. Tenía algunas personas en las que confiaba y con las que hablaba. ¿Qué me iba a pasar ahora?

La madre que me cuidaba vino a despedirse. Le di casi la mitad de mis compras del economato como agradecimiento por haberse portado tan bien conmigo.

—¿A dónde crees que voy? —le pregunté.

—Cariño... —me dijo. —...Vas a estar bien. Vas a tener tu propio apartamento.

Se refería a una celda. Ya no estaría en una celda abierta. Mi libertad sería aún más restringida.

Lo más probable es que me trasladaran porque aún tenía una banda roja, lo que significaba que no pertenecía a la celda con las mujeres que habían cometido delitos menores. Mi caso no iba lo suficientemente rápido como para que el tribunal me sentenciara oficialmente a ningún sitio, así que simplemente me enviaron allá. Probablemente necesitaban darle mi cama a otra persona.

Fuera cual fuera el motivo, tuve que volver a pasar por todo el proceso de ser despojada de mi dignidad. Tuve que desnudarme, abrir las mejillas y toser tres veces para demostrar que no traficaba drogas. Luego, una vez más con mi mono naranja y mis sandalias, me pusieron esposas en las muñecas y cadenas en los tobillos. Poco después, un guardia me agarró del brazo derecho y me acompañó a la salida.

Una vez más, el miedo me invadió. Para entonces ya sabía adónde iba: Templeman III. Allí había celdas de verdad. Allí iban las "malas de verdad". Las mujeres que estaban conmigo estaban presas por prostitución, robos menores, ese tipo de cosas. ¿Con quién me encerrarían ahora?

Me pusieron en la unidad 4, bloque de celdas 2, celda nº 3. Me acompañaron escaleras arriba y llegué a la planta donde un par de docenas de mujeres me miraban fijamente mientras me llevaban a mi celda. Era como ser una niña, asustada por la forma como los leones te miraban desde el otro lado de los barrotes en un zoológico.

Me metieron en mi celda e hice lo que había hecho aquel primer día. Lloré y lloré y lloré. Me sentí tan pequeña, tan asustada de nuevo. Cuando me desahogué, me di cuenta de que tenía la celda para mí sola y me puse manos a la obra para aprovecharla al máximo. Tomé la litera de abajo y doblé las sábanas para intentar que aquel colchón delgado y raído se ablandara. Hacía mucho frío allí. Me dieron una manta más. Pero seguía teniendo frío.

Había dos camas, en literas, en cada una de las celdas. Había un espejo de plástico para que no pudieras romperlo y usar los cristales afilados con nadie. Y todo lo demás era de acero inoxidable: un inodoro y un lavabo. Podía ver la televisión desde mi celda, así que decidí quedarme en mi celda, sola, y acostumbrarme.

Alguien me llevó comida que no comí. Y otro tipo de madre se acercó y me preguntó por qué estaba allí. Le contesté en español diciendo que no hablaba inglés. Me había armado de valor para pensar que me mantendría firme, aislada y esperaría mi momento. Pero aquella noche ocurrió algo que pronto descubrí que ocurría todas las noches.

En cuanto se apagaron las luces, aquella primera noche me invadió el miedo a lo que pudiera ocurrir en la oscuridad. Pero entonces una persona anónima irrumpió cantando *"He's that Kind of Friend"* de Walter Hawkins. ¡Conocía esa canción de la iglesia! Cuando terminó, ¡alguien empezó a orar! Tenía esperanza. Aunque no conocía a ninguna de esas personas, ahora tenía esperanza porque había algo que compartíamos ellos y yo. Había algo familiar que casi parecía un vínculo. Después de la oración, todas se dieron las buenas noches.

Aquella noche estaba a salvo. Cuando me desperté a la mañana siguiente, me sentía esperanzada. Estas mujeres cantaban canciones sobre Dios. Oraban antes de irse a dormir. Tenía dinero en mis libros, ingresos constantes que podía utilizar en el economato. Sería capaz de sobrevivir a esto.

Salí al área común de nuestro bloque de celdas y pregunté por el economato. Alguien me explicó que allí lo hacían de otra manera: no ibas al economato, sino que te llevaban las cosas. Tenías que llenar un papel verde con una lista de todo lo que había. Marcabas lo que querías y se lo entregabas a la persona encargada. En Templeman tenían diferentes cosas a su disposición, a las que no teníamos acceso en el otro bloque. Supongo que era porque se esperaba que estuviéramos allí mucho tiempo. Pude pedir papel higiénico más suave y calcetines. Pero necesitaba ayuda para hacer el pedido. Le pregunté a la mujer que había venido a hablar conmigo cuando me trajeron.

—¿Ahora sí quieres hablar? —se rio.

—¡No sé cómo hacer esto! ¿Puedes ayudarme con el economato? —le pregunté. Y lo hizo. Se llamaba Brenda, pero la llamábamos Mamá B. Me explicó los diferentes jabones: cuál me provocaba picor y sequedad en la piel y cuál era mejor. Me ayudó a romper el hielo con las demás.

Todavía dulcemente atormentada por aquella voz que cantaba la noche anterior, pregunté quién era.

—¡Oh, es Faith! —me respondió alguien. —Te encantará. Ven a conocerla.

Y entonces me presentaron a Faith. Una mujer brillante de unos treinta años, un poco corpulenta. Llevaba tres grandes trenzas en el pelo y un pañuelo sujetándoselo, y tenía la cara más bonita. Estaba presa por drogas y agresión, pero fue muy amable conmigo.

—Gracias por cantar esa canción —le dije. —Era lo que necesitaba oír. ¿Sabes quién hizo la oración?

Fue entonces cuando descubrí que Mama B era la mujer que había hecho la oración. Faith me explicó que siempre oraban por la noche y que ella siempre cantaba, a menos que tuviera un mal día y no estuviera contenta. Pero dijo que cantaría otra persona.

Resultó que Mama B estaba presa por intento de asesinato y agresión. Pero tenía el alma más dulce. Solo podía pensar que algo terrible le había ocurrido para acabar haciendo algo que la llevó a la cárcel.

El día a día en Templeman III

En un día normal en el bloque de celdas, escuchamos un gran timbre sobre las siete de la mañana. Las puertas de las celdas se abrieron automáticamente y los guardias pasaron lista justo después del cambio de turno. Pasaban lista después de cada cambio de turno, tres al día. El tintineo de una puerta metálica anunciaba su llegada. Nos levantábamos de la cama y nos poníamos delante, como en la tele, y gritábamos nuestro número: en Templeman III no solo perdías la libertad, sino también el nombre. Solo teníamos nombres entre nosotras; según la prisión, solo éramos números.

Después de ese primer pase de lista, podíamos regresar a nuestras camas o prepararnos para el día hasta que llegaba la hora del desayuno, una hora más tarde. Yo aprovechaba ese tiempo para rezar, lavarme la cara, leer la Biblia y escribir cartas o un diario. El desayuno podía consistir de sémola, un huevo cocido o cereales con leche. Este último a veces lo guardábamos y lo comíamos a lo largo del día.

También servían Kool-Aid, que de alguna manera hacían que supiera a medicina. Era horrible. Como capricho, nos daban tocino. Apenas había comido en el módulo y había perdido mucho peso. Probablemente pesaba unos cuarenta y tres kilos. Aquella mañana mamá B me llevó de un lado a otro y me presentó a todo el mundo, también se sentó conmigo a desayunar. Comimos sémola, salchichas, una manzana y leche. Solo comí un poco de sémola.

—Caperucita roja —dijo Mama B. De alguna manera, mi nombre había viajado conmigo. —No te conviene comer eso así. Toma —intentó poner un cuadrado de queso en mi plato.

—No. Yo no como eso.

—¡Estás muy delgada! Tienes que comer antes de salir flotando. Tenemos que poner algo de carne en ese cuerpecito —lo siguiente que supe es que estaba aprendiendo a comer en la cárcel. Me presentaron el queso con sémola, y al principio no entendía de dónde venía. No servían queso con sémola en el desayuno.

—Cada día viene algo diferente —decía Mama B. —Cuando nos dan queso, lo guardas.

—¿Cómo? ¿Dónde lo guardan? —no era como si tuviera acceso a una nevera o algo así.

Obtuve mi respuesta, mi entrenamiento, de mi compañera de celda, que llegó en mi tercer día. Me enseñó a utilizar el inodoro o el lavabo de mi celda como frigorífico. Como eran de acero inoxidable, se mantenían fríos. Guardábamos queso y mantequilla, los metíamos en plástico (nos entregaban los pedidos del economato en bolsas de plástico) y los desmenuzábamos sobre la sémola para que supiera mejor. A veces teníamos suerte y nos daban huevos cocidos que podíamos conservar un día entero si los envolvíamos bien.

El almuerzo era siempre un bocadillo y algo de fruta. La cena eran patatas o arroz y algún tipo de carne con salsa, mucha salsa. También te daban dos trozos de pan que yo utilizaba para hacer sándwiches con la mantequilla de cacahuete y la mermelada que compraba en el economato.

Después de desayunar, podías ver la única televisión que había en la zona común, junto al economato. La sala común tenía forma de U, con dos pisos abiertos para que pudieras ver a todo el mundo saliendo y entrando en sus celdas. Había dos teléfonos públicos en una pared y varias mesas de metal en forma de mesas de picnic. Veíamos películas, algo en lo que todas estábamos de acuerdo. Todos los días ponían El precio justo. También las telenovelas *The Young and Restless* y *The Bold and the Beautiful*. En mi época, lo mejor era ver los BET Awards. Si tenías suerte y te tocaba una celda en medio de la U, como a mí, podías ver la tele desde la cama.

Si no estaban viendo la tele, había gente jugando al dominó y a las cartas. Siempre había una madre con un trapo en la cabeza que tiraba las cartas. ¡Bam! Mucho ruido entre las cartas y las fichas de dominó golpeando las mesas de metal. Era un ambiente totalmente distinto al que estaba acostumbrado en las cabinas. Al principio estaba nerviosa entre ellas, sintiéndome como la extraña que sabía que era. Con el tiempo me fui soltando y aprendí a jugar al dominó y a las picas de verdad, juegos que había visto desde fuera pero en los que nunca había participado.

Si quería ducharme, tenía que ir a las duchas de arriba. Por fin había un poco de intimidad. No mucha, pero había una cortina de ducha que ofrecía una pizca de intimidad. Me tomaba mi tiempo para ponerme la loción y hacerme la limpieza facial con jabón Dial. Aprendí que si te frotabas la cara con ese jabón y lo dejabas hasta que se secara, te secaba los poros y evitaba los granos. Funcionaba de maravilla.

Podía envolverme con una toalla antes de salir de la ducha. Casi me parecía un lujo no tener que estar desnuda delante de todo el mundo. Y en mi celda, podía colgar la toalla de los barrotes y tener algo de intimidad para ir al baño. ¡Desde entonces, no he vuelto a dar por sentada la toalla!

Después de la rutina de la mañana, podíamos volver a la sala común y jugar al dominó o a las picas o ir a nuestras celdas a echar una siesta.

Cada día teníamos una hora fuera, donde podíamos pasear por el patio y respirar aire fresco o jugar al voleibol. Si llovía, podíamos ir al gimnasio. Como la prisión de Orleans Parish albergaba tanto a hombres como a mujeres, teníamos la oportunidad de ver al sexo opuesto cada vez que salíamos. Los chicos se ponían en la ventana e intentaban hablar con nosotras. Algunos eran pervertidos, pero otros gritaban: "¡Oye! ¡Escríbeme! Aquí tienes mi número". Podías intercambiar correo de la cárcel con ellos si tenías su número. Pero yo no quería en ese momento porque todavía estaba casada.

No había servicios para romper la monotonía, excepto los servicios religiosos rotativos opcionales y los grupos de oración. Iba a todos los servicios religiosos. Normalmente se celebraban unas dos veces por semana, y eran únicos porque podía asistir toda la población. Entonces nos reuníamos todos. Lo esperaba con muchas ganas, y las pocas veces que no había servicio eran una gran decepción para mí. No había consejeros de salud mental, solo un psiquiatra que se encargaba de la medicación de las personas esquizofrénicas o bipolares.

Los horarios eran estrictos: a qué hora te levantas, a qué hora te duchas, a qué hora comes, a qué hora duermes, a qué hora sales. Todo tenía un límite de tiempo. Las llamadas. Ver la televisión. Salir. Las comidas. Fue entonces cuando comprendí que parte de la libertad incluía elegir cómo pasar el tiempo. Y aprendí por primera vez que la libertad no es gratis: pagué por mi libertad sirviendo tiempo.

De vez en cuando, había algún imprevisto que interfería con el horario. Era cuando ocurría algo, una pelea, quizá, o alguien se drogaba, y los guardias sospechaban y hacían un registro aleatorio en busca de drogas, pastillas, cuchillos u otro contrabando. Te revolvían la celda de arriba abajo, hasta la cama, te sacudían la ropa e incluso te ponían los calcetines al revés. Revisan el colchón en busca de agujeros u otros signos de objetos ocultos.

Mi compañera de celda era una madre de mayoría de edad con tres hijos que estaba en la cárcel por pegarle a su marido: le pilló teniendo una aventura y le dio una paliza a él y a su novia. Ya llevaba tres años en el sistema y la trasladaron por alguna razón. Por suerte, era muy simpática y, como ya había pasado tanto tiempo entre rejas, sabía cómo desenvolverse en la cárcel y estaba encantada de enseñarme. No solo me enseñó a utilizar el lavabo y el inodoro como nevera, sino también a colgar cuadros en la pared con pasta de dientes. Fue una de las cosas que me llamó la atención cuando llegué. Cuando pasaba por las celdas, veía collages de fotografías y obras de arte hechas a mano que las decoraban. Ahora sabía cómo hacerlo. Colgué las fotografías de los niños que me había enviado mi madre. Pegué la mayoría de ellas en mi litera, y algunas de mis favoritas las coloqué en la pequeña ranura de la ventana porque mis ojos siempre se dirigían hacia allí, mirando hacia la libertad.

También me enseñó a hacer "brownies" con galletas Oreo del economato y leche guardada del desayuno. Y me enseñó a hacer huevos endiablados con los huevos que nos servían para desayunar.

Tuve mucha suerte de tenerla en mi celda. Me ayudó a pasármelo bien. Teníamos días faciales y capilares usando nuestro jabón Dial y productos del economato. Ella me sacó las trenzas que me hicieron en el otro bloque, me peinó y luego me hizo una larga trenza francesa. ¡Me sentí tan bien cuando me arregló el cabello!

Visualizábamos y hablábamos en voz alta de nuestros sueños, sobre cómo serían nuestras vidas cuando saliéramos. Cómo pasaríamos tiempo con nuestros hijos y cómo disfrutaríamos de la libertad.

Como ya he dicho antes, los humanos podemos acostumbrarnos a casi todo, y yo me acostumbré a esta nueva vida. Empecé a hablar con otras mujeres para conocer sus historias, como la de una mujer que había conocido en las celdas: ¡tenía más de ochenta años! Había cubierto a su hijo tras una redada antidroga y llevaba diez años en la celda esperando a que la trasladaran. Dijo que estaba dispuesta a morir allí. Al principio dijo que había aceptado la condena porque era mayor y quería darle a su hijo la oportunidad de vivir. Pero finalmente admitió que probablemente él también acabaría muerto o en la cárcel, y dijo: "La verdad sea dicha, estoy más en paz aquí dentro que allá afuera".

Su historia me impactó. Todas las historias que escuché en las celdas o en Templeman me molestaban. Algunas de las personas que estaban allí eran completamente inocentes. Otras no tanto. Oía historias sobre cómo habían presenciado asesinatos y palizas, y cómo vivían con miedo, a menudo de los hombres que les habían pegado.

Y vi cosas que me atormentaron. A algunas de las mujeres no les importaba estar desnudas delante de las demás. Se desnudaban en la celda y caminaban desnudas hasta las duchas. ¡Una de esas mujeres era tan joven! Pasaba y yo veía su piel desnuda toda carcomida. Cuando pregunté qué le pasaba, me dijeron que tenía VIH y sífilis. Había sido prostituta y fue violada por un hombre con VIH. Ella lo mató.

Debido a mi acusación original, se me agrupó con las peores delincuentes: las que habían cometido delitos graves relacionados con drogas y estaban acusadas de asesinato o intento de asesinato. Incluso después de que se rebajaran mis cargos y mi pulsera pasara de roja a naranja, seguían incluyéndome en el bloque de celdas con las mujeres más peligrosas de la prisión. Estuve con personas con enfermedades que se podían ver, que aparecían en su piel, y con personas con enfermedades que no se podían ver, como el trastorno bipolar y la esquizofrenia. Pero aprendí que en realidad no había diferencia entre ellas y yo, alguien con una madre, maestra de escuela, y un padre, sargento mayor. Tuve que sentarme a su lado y comer en la misma mesa.

Y aunque sí, seguía teniendo miedo la mayor parte del tiempo, cuanto más tiempo pasaba allá, más me daba cuenta de que ninguna de ellas era el monstruo que yo creía en un principio. Eran personas como yo que, por las circunstancias en las que se encontraban, habían tomado decisiones que les habían llevado a la cárcel. ¿Quién era yo para juzgarlas?

Desde que lo conocí, mi papi siempre me decía proverbios. "Cada acción tiene sus consecuencias", decía con frecuencia. Nunca lo entendí hasta que me mandó a hacer la cama por llevarle la contraria a él y a mi madre. Y allí estaba yo, rodeada de mujeres que se acostaban en sus propias camas después de hacerlas y que, del mismo modo, nunca entendieron realmente lo que hacían cuando se metían en sus proverbiales sábanas. A veces, simplemente estás en el lugar equivocado en el momento equivocado. Los accidentes ocurren. Es cuando vas a *sabiendas* al lugar equivocado en el momento equivocado, cuando ignoras las advertencias de los demás, allí es cuando tienes que afrontar las consecuencias. Es una decisión que uno toma.

Más visitas a los tribunales

Seguía esperando con impaciencia los días de juicio. Cada vez que iba, se reprogramaba y el juez me decía la fecha. Así que sabía cuándo llegaría y estaba ansiosa por que llegara cada una. Podían liberarme en cualquier momento.

Sin embargo, el tribunal era otra trampa. Mis padres tenían dinero para ayudarme, pero ¿quería que lo gastaran en sacar a mis hijos del sistema de acogida de Luisiana o quería que lo gastaran en mi abogado? Como madre, mi elección era sencilla: lo gastaban luchando por la custodia de mis hijos, así que tuve un abogado de oficio.

Era un joven caucásico que acababa de salir de la escuela. Alto, con gafas y pelo de punta, me decía a menudo: "Esto no pinta bien. Tienes que declararte culpable. Si no, si ellos te declaran culpable, te caerán hasta veinticinco años".

Sin embargo, yo no podía hacerlo. ¿Cómo iba a declararme culpable? No había hecho nada malo.

Cuando me trasladaron a Templeman III, mi papi empezó a ir al tribunal. En aquella época era sargento mayor y vestía de verde con todas las medallas que había ganado en el ejército. No podía hablarme ni abrazarme, pero se sentaba en la misma sala que yo y me apoyaba en silencio. Sin embargo, podía hablar con el juez, y lo hacía siempre después de mis audiencias. Se reunían en la parte trasera del despacho del juez Castillo. Fue entonces cuando mi papi se enteró de que lo que la policía me había contado sobre Horace era cierto: tenía antecedentes. De hecho, había estado antes ante ese mismo juez en esa misma sala y había huido a Texas. Horace tenía toda una vida en Nueva Orleans que nunca conocimos.

Mi papi también me visitaba en la cárcel. Cada vez que oía aquellas palabras: "Tienes visita", me emocionaba mucho. Sabía que era mi papi. La alegría era casi insoportable. Se sentaba al otro lado de un panel de cristal y me hablaba por teléfono. Teníamos solo quince minutos, que se me hacían eternos en el buen sentido de la palabra. Me enseñaba fotos de los niños en su móvil y me ponía al día de lo que él y mi madre estaban haciendo para conseguir la custodia y sobre el proceso por el que estaban pasando. No podían conseguir la custodia de inmediato porque mis padres vivían en Texas y el caso se abrió en Luisiana. Los CPS de Luisiana tuvieron que ponerse en contacto con los CPS de Texas y hacer primero investigaciones en la casa para asegurarse de que su casa era apropiada. Luego tuvieron que entrevistar a todos los miembros de la familia: mi madre, mi papi y mi hermano. Pero al menos sabía que Shaniqua seguía viva y que los niños estaban bien.

Los CPS también querían entrevistar a mi padre biológico, pero él se negó. No quería tener nada que ver con mi situación. Me visitó una vez, solo una vez, cuando estaba en la cárcel. Me dijo que me quería, pero cuando le pregunté si podía ayudarme, me dijo que no. Hacía misiones especiales para la Casa Blanca. ¡Seguramente había alguien a quien podía llamar o algo!

—Te dije que no te casaras con ese hombre. Podrías haber evitado todo esto si me hubieras escuchado —me dijo. —Pero decidiste no hacerlo. Solo vine a verte para asegurarme de que estabas bien. Pero tú eres responsable de lo que te pase —poco después se marchó, diciendo que era demasiado doloroso verme así.

Mientras tanto, había múltiples audiencias relacionadas con los CPS, los niños y Shaniqua, alrededor de sesenta o noventa días cada una, dependiendo de la acumulación de casos, y parecía que siempre había nuevas pruebas contra mí. El juez Castillo tenía fama de ser el más duro del tribunal y, fiel a su fama, no era comprensivo conmigo.

En un momento determinado, cuando me sentía desesperada, me miró fijamente y me dijo: "No puedo ponerte en libertad porque no tienes familia aquí", es decir, en Luisiana. Lo que deduje de aquello fue que pensaba que yo estaba mejor en la cárcel que libre. Más tarde descubrí que era uno de los jueces más duros y racistas del tribunal.

Capítulo 6
Ángeles entre rejas

Aquella compañera de cuarto fue uno de mis ángeles de la guarda en la cárcel. Era ella y una guardia llamada sargento Houston. Era una brillante afroamericana de pelo negro oscuro que llevaba tiempo en esto. Tenía una boca llena de frenillos que brillaban cuando me sonreía.

—Caperucita roja —me decía a menudo. —¿Qué has hecho? No parece que debas estar aquí —parecía que sentía verdadera compasión por mí, algo que resultó ser cierto cuando E entró en escena.

E era una mujer que, de alguna forma, fue trasladada a nuestro bloque e inmediatamente se interesó por mí. Aunque estábamos vigiladas las veinticuatro horas del día, había algunas mujeres que se las arreglaban para tener relaciones entre ellas allí dentro, aunque no estaba permitido que dijeran: "Ese es mi marido" o "Esa es mi mujer". Yo era nueva en ese juego pero no quería formar parte de él.

E seguía viniendo a mi celda diciéndome que estaríamos juntas.

Me asustó, así que terminé contándoselo a Mamá B.

—¡E no me deja en paz! ¿Qué puedo hacer? —le pregunté.

—Déjamelo a mí —dijo Mama B.

Desafortunadamente, Mama B lo manejó con los puños. Tuvieron una pelea tan fuerte que las dos acabaron en aislamiento. E fue liberada primero. No sé por qué. Era bastante conocida, así que tal vez eso tuvo algo que ver. Y ella todavía estaba detrás de mí.

No sabía qué hacer, pero sabía que en la cárcel los soplones reciben escarmientos, así que no quería contárselo a ninguna autoridad. Sin embargo, confié en mi compañera de celda.

—E no te va a dejar en paz —me dijo. —Tenemos que sacarte de aquí.

No sabía cómo sería posible. De alguna manera, mi compañera de celda habló en privado con la Sargento Houston. Nadie sabía de ello, pero funcionó. Me transfirieron al bloque federal.

Sabía que Dios me había salvado. Su mano estaba en ese proceso. Él fue quien se aseguró de que tuviera la mejor compañera de celda posible: una que me enseñara a encontrar formas de alegrar mis días monótonos. Me puso en un bloque de celdas en el que formé una familia: orábamos juntas y allí estaba protegida. Él me protegía.

Esa protección continuó en el bloque federal. Las celdas federales estaban mucho más limpias y mejor cuidadas que las estatales en Templeman III. Y las guardias parecían más experimentadas. Pero también había otro ángel de la guarda, Nadia.

Había dos internas por celda que compartían una litera. Nadia acabó siendo mi compañera de celda en ese bloque. Pero, de cierto modo, también acabó siendo una especie de madre. Una madre carcelaria, por así decirlo, porque cuando estás encarcelada necesitas una familia, y esa familia suele construirse a partir de cualquier oportunidad que se presente.

Aprendí mucho de Nadia, basado en lo que me había enseñado mi primera compañera de celda, como convertir los fideos ramen instantáneos de una sopa salada en una comida de verdad con salchichas que sacábamos de las alubias cocidas. Me enseñó una aún mejor forma de hacer brownies añadiendo barritas Snickers a las galletas Oreo y la leche. Lo mezclabas todo formando un tronco y lo aplastabas con la sandalia. Incluso aprendí a hacer "sopa mexicana" poniendo piel de cerdo en el agua caliente de la sopa ramen.

Profundamente religiosa, todas las noches se ponía de rodillas y rezaba una oración mientras me tomaba de la mano. También me enseñó a ayunar. Nadia leía el Libro de los Salmos de principio a fin, y cuando llegabas al final era cuando rompías el ayuno. Ayunábamos durante veinticuatro horas, comiendo solo fruta, para mostrar penitencia, como Jesús en el desierto, que ayunó durante cuarenta días y cuarenta noches. Ayunabas para mostrar sufrimiento mientras orabas con la esperanza de que Dios reconociera tus buenas intenciones y tu dolor. Así que ayunamos por Shaniqua; ayunamos por mis hijos; ayunamos por nuestra salida de la cárcel.

Durante ese tiempo, Shaniqua empezó a mejorar. De hecho, mejoró tanto que me rebajaron los cargos. Me quitaron la banda roja y me pusieron una naranja. La naranja significaba "cómplice después de los hechos". Nadia me aseguró que era porque habíamos orado y ayunado.

Nadia llevaba mucho tiempo presa por tráfico de drogas y de inmigrantes. Esperaba morir allí porque no tenía papeles y estaba atrapada esperando a que su país la acogiera de vuelta, cosa que no parecía interesarles. Tenía el cabello largo y rubio y, aunque solo tenía unos cincuenta años, máximo unos sesenta, se le notaba el cansancio en la cara. Como llevaba mucho tiempo allí, creo que unos dieciséis años, tenía algunos privilegios que la mayoría de las demás no tenían, porque trabajaba en la lavandería. En retrospectiva, esa fue otra forma en que Dios proveyó para mí en la cárcel. Teníamos toallas, sábanas y mantas de sobra. Ella se aseguró de que yo tuviera más uniformes y de alguna manera me consiguió un pijama y una colcha entera con flores. Nuestra celda era la más decorada; incluso nos consiguió cartulinas para nuestros collages.

Su puesto también le daba acceso a la cocina, así que nos abastecía de jalapeños y fruta fresca, aparte de manzanas y naranjas, como uvas.

Era hispana, dominicana, y solo hablaba español, lo que probablemente nos ayudó a estrechar lazos. En lugar de llamarme Caperucita roja, me llamaba Chiquita. Mucha gente del bloque federal me llamaba así. En el bloque estatal, la mayoría de las presas eran afroamericanas o caucásicas; en este bloque, la mayoría eran hispanas. Allí me sentía más a gusto y dejaba aflorar mi lado hispano.

Tal vez me ayudó el hecho de que una mujer hispana fuera a los servicios y llevara su guitarra.

En ese bloque no había juegos bulliciosos de picas o dominó. Las partidas de cartas eran mucho menos enérgicas. Creo que eso se debía a que allí había más lectores, gente más sofisticada por cosas como blanqueo de capitales, ejercer la enfermería sin título y otras antiguas profesionales. Incluso hubo una persona, una mujer blanca que Dios también cruzó en mi camino. Ella sabía lo que necesitaba para divorciarme.

Divorcio

Durante todo el tiempo que pasé en la cárcel, escribí cartas a mi familia, a Daniel, que sigue siendo un verdadero amigo, y a mi antiguo pastor de la iglesia de El Paso. Le hice saber que tenía razón: me había adentrado en el desierto. Mantuvo correspondencia conmigo, al igual que muchos otros de aquella iglesia, animándome a mantener la fe y recordándome que Dios velaba por mí, porque protege a los que ama. Me aseguraban que tenía que estar donde estaba, en una tierra desconocida que era el desierto, porque Dios me amaba lo suficiente como para ponerme en prisión en lugar de dejar que me ocurriera algo terrible que me pusiera a dos metros bajo tierra (o sobre la tierra en Luisiana). Entonces un día ese pastor me escribió diciendo que Dios me liberaría si me divorciaba de Horace.

No necesitaba más ánimos, solo necesitaba un abogado. O eso creía. Pero Dios me trajo algo mejor: una amiga que conocí en uno de mis numerosos viajes a los tribunales. Era una mujer blanca de unos cincuenta años, corpulenta, con cabello rubio largo y gafas. Varias de nosotras teníamos presentaciones el mismo día, e íbamos juntas en autobús. A veces entablábamos conversaciones para saber qué nos esperaba. El día del juicio siempre estaba lleno de esperanza y expectativa porque nuestras condenas podían acortarse en un instante y podíamos conseguir una fecha de puesta en libertad, a veces ese mismo día. Así que nos animábamos unas a otras y rezábamos por nuestra pronta liberación. No podíamos esperar a que llegara el día del juicio.

Cuando mi nueva amiga se enteró de mi historia, se ofreció a redactar un borrador de los papeles del divorcio.

—¿Puedes hacerlo? —le pregunté. —¿No tienes que ser abogada o algo así?

Se rio y me explicó que estaba en la cárcel por ejercer la abogacía sin licencia. Conocía bien la ley y estaba segura de que en el estado de Luisiana era legal escribir a mano los papeles del divorcio. Conocía la jerga legal que necesitaría para que mi divorcio fuera legal. Todo lo que pidió como pago fueron dos paquetes de galletas Oreo, tres barritas de Snickers, dos paquetes de fideos ramen instantáneos y una pastilla de jabón Dial. ¡Fácil!

Así fue como empezó todo.

Horace había intentado ponerse en contacto conmigo durante ese tiempo, pero las autoridades seguían negándose a que nos habláramos, así que le devolvían sus cartas. Cada vez que nos cruzábamos al ir al juzgado, tanto con guardias como esposado, él me decía que no era culpable. Que me amaba y quería que aguantara. Que era cuestión del diablo y que lo superaríamos. Siguió manteniendo su mirada en mí cuando nos obligaron a estar juntos ante el juez, como si intentara convencerme de su inocencia.

Por mi parte, no le enviaba cartas a Horace porque seguía enfadada por lo que había hecho y por la negación que aún mantenía. Se opuso al divorcio, pero el estado de Luisiana no exige que ambas partes firmen los papeles. Después de un tiempo sin respuesta, el estado concede automáticamente el divorcio a la pareja que lo presenta. Así fue como lo hice.

En cuanto a su familia, todos se habían vuelto contra mí, pensando que yo le había hecho el daño a Shaniqua, que él era inocente y que debía dejar de culparlo por mis fechorías. Más adelante, volví a ponerme en contacto con algunos de ellos porque quería que los niños conocieran esa parte de su familia, y algunos todavía me siguen en las redes sociales y están asombrados de cómo Dios me ha bendecido.

Mi papeleo de divorcio escrito a mano.

Relaciones/recuperaciones

La idea del divorcio fue liberadora para mí, al menos en lo que respecta a mi matrimonio. Pero esa libertad tenía un límite. También me sentía desesperanzada por los sentimientos asociados con la prisión y no saber cuándo sería capaz de caminar más allá de esas barras para siempre.

Pasé por un período de duda. Pensé que Dios me había abandonado. Que se había olvidado de mí. Y aunque tenía algunos contactos y un par de protectores, seguía sintiéndome sola. Seguía queriendo ser amada.

Muchas de las mujeres hablaban con los presos a través de los inodoros. Vaciaban el agua y utilizaban un rollo de papel higiénico vacío para proyectar sus voces. Nadia no me dejaba hacerlo, aunque yo quería. Pero entonces conocí a una chica. Jocelyn era brillante y tenía el cabello corto. Me dio la atención que no sabía que ansiaba. Pensé que me estaba enamorando de ella. Fue la primera mujer a la que besé románticamente.

Pero mis ángeles guardianes sabían que una relación así no me convenía. Cuando Nadia se enteró, me miró con incredulidad. "¡No seas estúpida! ¿Qué estás haciendo?" Para ese entonces yo llevaba unos seis meses en ese bando y ella se había consolidado como mi madre.

Gritó: "¿Por qué haces esto? Eres mi hija. No puedes dejar que gane la carne. Tu alma es más importante para mí, así que no puedes estar más en esa celda". Para Nadia, seguir los edictos de la Biblia era su primera prioridad.

Lo siguiente que supe fue que la sargento Houston se enteró. Me transfirió de vuelta al bloque estatal.

Hombres

Me hicieron una fiesta de bienvenida cuando volví a mi antiguo bloque. Mamá B y Faith seguían allí, al igual que muchas de las que conocían a la Caperucita Roja de antes. Me ofrecieron un banquete completo, con patatas fritas del economato y huevos endiablados hechos con jugo de pepinillos. Era el tipo de cosa que harían para una fiesta de cumpleaños.

Esta vez, entré con más confianza. Llevaba una banda naranja en el brazo. Mis hijos ya estaban con mis padres y Shaniqua iba a estar bien. Seguía sin saber cuándo saldría y me sentía muy sola. Lo hablé con Dios: "Vale, no puedo estar con una mujer, y sí, estoy casada, pero espero que no por mucho tiempo, por favor. Soy humana. ¿Hay alguien que puedas darme?".

Las opciones eran pocas, pero me las arreglé.

En ese momento, Templeman III tenía cuatro bloques de celdas diferentes. Me trasladaron al otro lado del pasillo, al bloque de celdas que había debajo del bloque de celdas de los hombres. Allí fue donde aprendí que por fin podía hablar con los chicos a través de los lavabos. Después de pasar lista a las siete de la tarde, hacíamos una especie de micrófono con rollos de papel higiénico vacíos y los juntábamos para formar un tubo largo: nuestro micrófono. Luego vaciábamos el agua de la taza del váter, metíamos el micrófono improvisado en el agujero y escupíamos: "¡Fffthuh, fffthuh!". Con los oídos pegados al tubo del rollo de papel higiénico, esperábamos en silencio una respuesta. El suave ruido bajaba por las tuberías y los chicos del fondo nos oían y respondían pidiéndonos que les escribiéramos.

Por supuesto, no se nos permitía comunicarnos de esta manera, y hablar alto podía meternos en problemas, pero una vez que teníamos un nombre o incluso una dirección general, podíamos enviar una carta a través del correo no oficial de la prisión. Tomábamos nuestro pequeño cuaderno de ocho por once y nos emocionábamos: estábamos hablando con alguien nuevo, aunque solo fuera a través de bolígrafo y papel.

Cuando salíamos al exterior, podíamos pasar una carta a través de un mensajero, a veces otro preso, a veces un funcionario de prisiones sobornado. En nuestro paseo habitual por el patio, a veces veíamos a los tipos en sus ventanas. Nos tendían un trozo de papel con "Escríbeme" o "Aquí tienes mi número" en grandes letras negras. Si sabíamos un nombre, el número de la prisión y el número de la celda, podíamos enviar nuestra carta directamente a través del servicio de correo de la prisión. Todo el proceso de comunicación de esta manera podía llevar horas y horas, pero el esfuerzo era mejor que no hacer nada más que sentarte con tus propios pensamientos.

Si podías establecer una conexión regular con un tipo, a veces te hacías amigo por correspondencia y compartías pequeñas cosas. Quiénes éramos. Cuánto tiempo nos quedaba. De dónde éramos. Nos pedíamos compartir buenas recetas de comida o ser novios o novias. Decíamos a dónde iríamos a una cita cuando saliéramos y avanzábamos hacia conversaciones más íntimas y explícitas, todo a través de cartas. Todo era un tipo de fantasía, un escape de la realidad del frío metal que nos confinaba. Sabíamos que era casi imposible seguir con todo esto mientras estuviéramos encarcelados, pero no dejaba de ser catártico. Aún éramos libres en nuestras mentes y podíamos usar nuestra imaginación para llenar el vacío durante un rato.

Si de algo sirve, nunca vi ninguna de las relaciones que tuve en la cárcel como algo serio. Todos buscábamos un lugar cálido en la oscuridad. Todos estábamos pasando el tiempo.

Pasando el tiempo

Pasar el tiempo era mi principal ocupación en la cárcel. Mientras estás encarcelado, no tienes otra cosa que hacer que pasar el tiempo. Por eso lo llaman "hacer tiempo".

Y tenías que hacer algo dentro de las limitadas opciones disponibles porque, de lo contrario, los pensamientos de tu cabeza te devoraban como una bestia en la oscuridad, dándote un mordisco por aquí, otro por allá, hasta que no te quedaba nada.

Me encantaba cuando entraban los guardias y decían: "¡Correo!", y mi nombre aparecía en la lista de llamadas del correo. Vivíamos para escuchar nuestros nombres. Vivíamos a través de nuestras cartas. Era la única forma que teníamos de seguir el tiempo desde fuera, y era otra forma de comunicación.

Además de las cartas de aquellos amigos por correspondencia masculinos, a veces recibía una llamada o una carta de casa que me daba una pequeña ventana al mundo exterior y calmaba mis preocupaciones por mis hijos. Y, por supuesto, mi papi solía colar uno de sus dichos favoritos, como: *la libertad tiene un precio... hay que respetar las leyes del país... cuando te haces la cama, tienes que acostarte en ella.* Las noticias eran breves, ya que las llamadas eran caras y solo podían durar quince minutos. La operadora entraba cuando te quedaba un minuto y te daba un aviso. Odiaba ese aviso de un minuto, aunque tenía la suerte de que mis padres me dejaban llamarles casi todos los días para que pudiera estar al tanto de su batalla por la custodia.

Al igual como alguien arrastrado por una riada se aferra a una rama caída, yo me aferraba a cualquier pedacito de humanidad que pudiera conseguir en las cartas, las llamadas o las visitas ocasionales. Pero en un momento determinado, en medio de toda esa intemporalidad de una vida suspendida, perdí la esperanza. Pensaba que lo había hecho todo bien. No me maquillaba. Iba a la iglesia. Obedecía a mi marido. Y aun así acabé en la cárcel, con mis hijos en acogida y mi hija en el hospital. ¿Qué había hecho mal? ¿Cómo había pecado?

A veces, veíamos a un capellán de la prisión cuando asistíamos a los servicios religiosos programados que se celebraban en el gimnasio. Cada una o dos semanas venía un líder religioso diferente para hablar de su versión del Señor, y podías elegir entre ir o no ir. Yo nunca iba a los católicos, pero si se trataba de un predicador cristiano o de un pastor de otra confesión, iba. A veces, no había sermón y nos limitábamos a cantar himnos o a formar un pequeño grupo de oración que a veces avivaba el pequeño destello de fe al que de algún modo nos aferrábamos en toda aquella oscuridad.

Tal vez debido a las diferentes experiencias religiosas que estaba teniendo, empecé a leer la Biblia a través de una nueva lente. Luego, hubo una señora hispana con gafas y cabello corto que traía su guitarra y nos hablaba desde un nivel diferente. Interpretaba la Biblia de una manera que me hizo pensar de forma diferente a como lo había hecho antes. Nadia ya me había mostrado su forma de interpretar la Biblia, con sus ayunos relacionados con el Libro de los Salmos. Los mensajes de esta mujer eran tan diferentes que, cuando estaba sola, con mis propios pensamientos, empezaba a oír voces, pero no procedentes del inodoro. Eran más divinas. Y me ayudaron a aprender la Biblia por mí misma. Me ayudó a interpretar la Biblia de una manera que me parecía verdadera.

Cuando la Biblia dice que tu marido debe amarte como Cristo ama a la Iglesia, ¿qué significa eso? ¿Significa que Cristo golpea a la iglesia? Claro que no.

¿Qué estaba experimentando David cuando escribió el Libro de los Salmos, también llamado el Libro de las Oraciones? "Aunque ande en valle de sombra de muerte, no temeré mal alguno" porque el Señor camina contigo. Camina contigo por el desierto. Todo lo que tenía que hacer era aprender a reconocerlo.

Hubo mucha autorreflexión, mucha lectura de la Biblia por mi cuenta, sin nadie que me dijera lo que debía o no debía sacar de ella. Las técnicas de estudio de mi infancia afloraron y me quedé absorta. Tuve tiempo de hacerme las grandes preguntas que todo el mundo se plantea en algún momento: ¿por qué estaba yo aquí? Mi madre era maestra. Mi papi era sargento mayor. ¿Cómo acabé en esta situación?

Al principio, también intentaba conciliar por qué Dios elegiría castigarme por hacer lo que yo creía que Él quería que hiciera.

Pero con el tiempo, me di cuenta de que tal vez no era eso.

Tal vez Dios había puesto en marcha esta cosa horrible porque Él lo vio como mi única salida. Tal vez, si no estuviera en prisión ahora, estaría muerta. O mis hijos estarían muertos. O mi familia.

Eso era lo que pensaba. Eso era lo que pensaba cuando me invadían sentimientos de desesperación y devastación.

Soñaba mucho con Dios detrás de las paredes de la celda. Me preguntaba: "¿Por qué me haces pasar por esto? ¿Qué intentas mostrarme? ¿Por qué a mí?" Y me encontraba negociando con Dios. "Oh, pero si dejas que mi bebé viva... si dejas que mis padres obtengan la custodia... si me haces este favor... haré esto para servirte por el resto de mis días y nunca volveré a decepcionarte".

Pensaba que iba a ser tan perfecta como Jesús, y que ese era el objetivo que debía cumplir para ganarme el favor de Dios. Pero tal vez no podamos ser perfectos. Tal vez ese sea el objetivo. Y esforzarnos por ser tan perfectos como Jesús es otra fantasía. ¿Cómo podemos ser tan perfectos cuando todo lo que queremos es que Él responda a nuestras oraciones?

Con el tiempo, todo ese tiempo lento y tranquilo, me acostumbré a mi vida entre rejas. E incluso en ese lugar oscuro y tranquilo, Dios me dio lo que necesitaba: familia.

Familia

En Templeman III, la estructura "familiar" era bastante sencilla. Tenías una madre adoptiva como Nadia, que era mayor y más sabia sobre las costumbres de la cárcel. Tenías un padre adoptivo, que era una mujer especialmente marimacho. Tenías a tus hermanas. Y aprendías a ser unida.

Muchas mujeres no recibían dinero en sus libros para poder comprar provisiones del economato. La madre o el padre adoptivos se aseguraban de que pudieran conseguir esos caprichos especiales que hacían la vida un poco más llevadera. Una chocolatina, una taza de fideos ramen, un par de calcetines. Se aseguraban de que lo que ellas tenían, lo tuvieras tú porque formabas parte de tu propia pequeña familia.

Siempre había un toma y deja, como con cualquier familia. El día del aseo, le pedías a alguien que te peinara. No podíamos llevar objetos punzantes (el vello en las piernas y las axilas era una realidad más que una declaración política), así que normalmente el aseo consistía en recogerse el pelo. Yo me hacía una o dos trenzas grandes. Cuando las chicas me pedían una postal o papel para enviar una carta, se los daba.

Estaba nerviosa por mi nueva compañera de celda después de que me separaran de Nadia. Nunca sabes con quién vas a compartir ese pequeño espacio ni lo que han hecho. Pero acabé haciéndome amiga de mi nueva compañera de celda. No pudimos evitarlo, ya que estábamos juntas casi 24 horas al día, 7 días a la semana, durante un tiempo indeterminado. Nos contábamos secretos cuando se cerraban las puertas de la celda y los guardias gritaban: "¡Apaguen las luces!".

Nos convertimos en hermanas. Dependiendo de la experiencia y de la diferencia de edad, tu compañera de celda podría ser más una madre, como con Nadia, o una tía.

Mi compañera de celda después de Nadia también era mayor. Tenía la piel oscura, el cabello trenzado hacia ambos lados de la cabeza y era corpulenta. Era respetada, consumía muchas drogas y nadie se metía con ella, ni siquiera las guardias.

Las guardias a veces nos daban problemas. Cuando pasábamos lista o teníamos citas con el tribunal, las guardias se relacionaban estrechamente con nosotras, pero rara vez entraban al bloque de celdas. Era entonces cuando intentaban hablar con nosotras o se propasaban. No puedo contar las veces que me hicieron propuestas sexuales. Lo único que sabía hacer era mantener los ojos bajos, actuar como si no las hubiera escuchado y asegurarme de no ir sola a ninguna parte de la prisión. Como mi papi me había visitado bastantes veces, y como las funcionarias de seguridad sabían quién era y su rango militar, probablemente eso me daba cierta protección. Si me acosaran, avisarían a alguien respetable. Pero había un límite a lo que podían hacer desde fuera.

Pero la mayor protección provenía de mi familia carcelaria. Cuando la presión sexual de las guardias fue demasiado para mí, se lo conté a mi Mamá B.

—Yo me encargo —me dijo simplemente.

Nunca más me molestaron.

No sé a qué se dedicaba Mamá B, pero sí sé que había estado con los cárteles, aunque no sé cuáles. Lo que supe después fue que los cárteles tenían a sueldo a algunos de los guardias para que cuidaran especialmente de sus seres queridos. Mamá B era una de ellas. De hecho, era tan especial que tenía un teléfono móvil.

Gracias a su protección, nunca fui violada por una guardia, ni por una mujer. Ni siquiera una señora que se me insinuó mucho después de que le dijera que no me gustaban las chicas. Estaba allí esperando el juicio por haber prendido en fuego a su amante.

Aunque puede que hubiera mujeres que odiaran en silencio a sus compañeras de celda, en su mayor parte, todo el mundo en la cárcel formaba un vínculo con las personas que vivían más cerca. La cárcel es muy solitaria. Aísla tanto de la familia, los amigos y los vecinos como los compañeros de trabajo... de todas las personas que conocías y que ahora quizá no vuelvan a hablarte. Para nosotras, la compañera de celda llenaba un vacío. Un vacío dejado por un cónyuge, o un novio o novia, o un hijo, una madre, alguien a quien habíamos amado y por quien habíamos sido amadas.

En el primer bloque, mi compañera de celda y yo jugábamos al dominó y a las picas. Había aprendido a contar mi baraja y era una bestia en ambos juegos. Jugábamos horas y horas. Al no tener acceso a la familia ni a otros amigos, en los momentos más desesperantes recurrías a tu compañera de celda. Y si, por la razón que fuera, dos personas no se llevaban bien, las guardias las separaban y reasignaban a una a otra celda o bloque de celdas, como me ocurrió a mí. Pero a veces, las circunstancias convertían a una chica en una paria, como me horrorizó presenciar una vez que entró una chica nueva.

De vez en cuando, alguien del bloque de celdas acababa en las noticias. Había una chica, he olvidado su nombre, pero era muy joven, más o menos como yo, una adolescente apenas mayor de edad. Su novio quemó a su bebé y el pequeño casi muere. Tenía dos hijos pequeños. Cuando llegó al bloque de celdas, todo el mundo la estaba esperando.

Yo sabía exactamente cómo se sentía. Estaba llorando, diciendo: "¡Yo no lo hice! "¡Yo no lo hice!" Yo solo quería ir con ella. Quería decirle: "Te entiendo".

Pero antes de que pudiera hacerlo, las otras chicas ya la habían agarrado. Pensaban que ella era la que le había hecho daño a su bebé, y eso era un crimen que las otras mujeres no perdonarían, así que hicieron de su vida en la cárcel una tortura. Le quitaban el economato cuando pedía comida. La obligaban a practicarles sexo oral. La convertían en su chica de compañía: "¡Haz esto!" o "¡Haz lo otro!" y le encargaban tareas.

Hay una estructura de poder en la cárcel, como en cualquier otro lugar, para mantener a la gente bajo control, y no solo proviene de las guardias.

Si lo que has hecho sale en las noticias y te condenan, están preparados para cuando vuelvas allí, al módulo o al bloque de celdas. Lo hicieras o no, estaban preparadas para ti. Esa parte de las películas, al menos, es real.

Sentí compasión por ella y por lo que Dios le estaba haciendo pasar, pero no puedo decir que no envié una pequeña oración de agradecimiento a Dios porque mi caso no había acabado en las noticias. Nadie sabía exactamente lo que había pasado con mi hija. ¿Habrían hecho lo mismo conmigo? No lo sabía. Lo único que sabía con certeza era que, de alguna manera, se me había concedido el favor de Dios. Nunca enfermé. Nunca me metí en una pelea, aunque estuve a punto de hacerlo antes de que nuestras madres de familia intervinieran y nos salvaran del aislamiento.

Dios tenía a sus ángeles rodeándome y protegiéndome, y esa chica nueva no tenía ese tipo de protección. A mi pequeña manera, yo le daba pistas a la chica de que sabía lo que estaba sintiendo. Conocía la agonía de su crimen y lo que la había llevado a cometerlo. Lo sabía. Y, con suerte, ella comprendió, en esta nueva avalancha de abusos, que no estaba sola.

Con el tiempo, meses después de comenzar mi condena, me sentí lo bastante cómoda con algunas de las otras mujeres como para abrirme un poco y contar mi historia. Siempre ocurría por la noche. La noche antes de ir al tribunal, que era habitual que no pudiéramos dormir. La expectativa de ser liberadas era demasiado. Así que en la oscuridad, en ese país de nunca jamás, entre la esperanza y la desesperación, nos confiábamos la una a la otra. Érase una vez una buena familia. Entonces tomé una mala decisión que hizo la cama en la que ahora tenía que acostarme. Las decisiones tienen consecuencias, así que ahora estaba aquí.

—No te preocupes, Caperucita roja —me dijeron. —¡Van a atrapar a ese hijo de p***!

Tal vez por el favor de Dios, o tal vez porque ahora me conocían, las chicas estaban dispuestas a ponerse de mi lado y animarme. Todas estábamos allí por algo malo, ya fuera asesinato, agresión, drogas o robo, y si no nos animábamos las unas a las otras, ¿quién lo haría? Si nuestra compañera de celda no lo hacía, ¿quién iba a hacerlo?

Por la mañana, al ir al juzgado, decían:

—¡Eh, Caperucita roja, hoy te vas a casa!

—Oye, Caperucita roja, ¿puedo conservar tus cosas cuando te vayas a casa?

—¡Oye, Caperucita roja, mándame una carta!

Era casi como si intentáramos hablar de la libertad.

Pero había otra faceta del día de la corte que no era tan solidario. Vivo de acuerdo al Proverbio: "Sé prudente como una serpiente y manso como una paloma." Mateo 10:16. Nunca lo entendí hasta la cárcel. En la cárcel, la gente te sonríe a la cara y luego se apresura a apuñalarte por la espalda. Jugarán contigo solo para poder robarte o incluso violarte. Así es la vida real. Si les confías partes delicadas de tu historia o les dejas saber lo que haces en contra de las normas, guardarán tu secreto hasta que haya un juicio en el que, si pueden intercambiar esa información para alargar tu condena y aligerar la suya, lo harán. Así que tienes que ser prudente, no jugar todas tus cartas y ser un poco astuta y cautelosa a la hora de confiar en la gente, como esa serpiente. Quieres conservar tu pellejo. Pero, por otro lado, mientras te proteges, tampoco quieres salirte de tu camino para dañar a las demás. Quieres mantener la paz, como la paloma, y no dejar que la autoconservación dé paso a la crueldad.

Incluso hoy en día, no puedo sacudirme esa lección, y me cuesta mucho confiar en alguien. Cuido mis historias y pongo a prueba a la gente. Si digo que mi perro es azul, no quisiera volver a escuchar ese detalle por otro canal. Entonces sé que alguien les ha estado contando mi historia a otros, y no puedo confiar en ellos una vez rota esa confianza. Nunca estoy segura de que tengan las mejores intenciones.

Eso es lo que nos enseña la cárcel. Lo bueno y lo malo, la lealtad y la traición.

Faith era mi hermana y mi compañera de oración cuando se cerraba el bloque de celdas. La mayoría de las noches, cuando se apagaban las luces y las guardias se retiraban, cantaba la vieja canción góspel de Walter Hawkins *"He's that Kind of Friend"* para animarnos. La cadenciosa letra sobre Jesús caminando con nosotras a través de nuestras pruebas resonaba en el silencioso bloque de celdas y resonaba en todo el cemento y el metal, y el economato, convertido ahora en un anfiteatro. Siempre era hermoso.

Parte 3
El precio de la libertad

Capítulo 7
De vuelta a casa

Horace fue puesto en libertad mucho antes que yo. Aunque nuestros casos habían sido manejados por separado, seguíamos sin poder comunicarnos, sin llamadas ni cartas. Pero cada vez que nos veíamos de camino al juzgado, él me decía que no me declarara culpable porque "no podían probar nada".

No estaba segura de querer arriesgarme y confiar en él. En ese momento, solo quería salir. Estaba dispuesta a prometer lo que fuera para que me soltaran.

Resultó que, apenas siete u ocho meses después de nuestra detención, su caso fue sobreseído. No me lo podía creer. Tenía razón. ¿Cómo podía alguien permitir que eso sucediera? ¿Cómo pudo Dios permitirlo? Yo no había hecho nada malo.

Señor... recé: *...tú sabes la verdad. No lo entiendo. ¿Cómo pudo Horace salir antes que yo? Señor, ¡tú sabes la clase de monstruo que era para mí y mis hijos! ¿Y lo liberaste antes que a mí?* Esa noche lloré hasta quedarme dormida en la celda, sin poder creer la situación.

Rezaba por despertar de la pesadilla y descubrir que todo había sido un sueño al día siguiente. Pero no. Me desperté entre rejas y él era un hombre libre.

Empecé a llorar de nuevo, empecé a rezar de nuevo. *¡Por Dios! ¡No lo entiendo!*

Finalmente, mi compañera de celda me dijo:

—Caperucita Roja, no pasa nada. Créeme, todo pasa por una razón. Mantén la cabeza alta. Algún día serás libre.

Tardé un tiempo en recuperarme. Me quedé en mi celda una semana, lamentándome con Dios, llorando, sin querer que me molestaran. Entonces fue la pastora Claudia a hacer un servicio al final de la semana y quise verla. Asistí al servicio y me acerqué a ella después para contarle lo que había pasado. Me recomendó que leyera el libro del Eclesiastés.

Por supuesto, la pastora Claudia sabía exactamente lo que necesitaba. El libro de Eclesiastés no solo era interesante, sino que también resonaba mucho conmigo. Ese libro habla de cómo las cosas malas le pasan a la gente buena y las cosas buenas le pasan a la gente mala. Puede parecer muy injusto, pero explica que al final todo tiene una razón de ser. Y menciona que hay un tiempo para todo, concretamente: "un tiempo para nacer, y un tiempo para morir; un tiempo para plantar, y un tiempo para arrancar lo plantado". Me aseguró que solo estaba pasando por una temporada, que había un propósito detrás de que yo estuviera allí.

Llegó el día en que por fin me tocó tener opciones. Unos cuatro o cinco meses después de la puesta en libertad de Horace, fui al juzgado la mañana del 2 de agosto. Como de costumbre, me reuní con mi abogado antes de presentarme ante el juez. Tenía noticias: el fiscal del distrito estaba dispuesto a ofrecerme un trato. Mi abogado me dijo que si decidía aceptarlo, me iría a casa ese mismo día.

Sin embargo, si decidía no aceptarlo, mi caso se presentaría ante un jurado. Si me declaraban culpable de cómplice de abuso de menores, podía pasar otros veinte años en la cárcel. Ese era el precio que Luisiana imponía a las madres en su intento de frenar la oleada de maltrato infantil en el estado. Se creía que había que castigar a las madres por "permitir" que se cometieran abusos contra los niños.

¡Por supuesto que me interesaba! Fueran cuales fueran las condiciones, ¡me interesaba!

Por fin sería libre. Después de un año y dos semanas, podría comer lo que quisiera. Respiraría el aire fresco fuera de Templeman III.

Dormiría en un colchón blando. Y lo más importante para mí, volvería a abrazar y besar a mis bebés.

¡Sí! Haría lo que el juez dijera. Quería aceptar el trato.

Fuimos ante el juez después de redactar el acuerdo.

—Voy a ponerte en libertad con tres condiciones —dijo. —Cinco años de libertad condicional. Toma clases para padres. Y te sacas el GED —hizo una pausa y me miró con desaprobación antes de continuar. —Nunca recuperarás a tus hijos. Tu única esperanza ahora es poner tu vida en orden para poder mantenerte.

Sus palabras se clavaron en mi corazón como un cuchillo. Se me saltaron las lágrimas. Nunca recuperaría a mis hijos. Mi esperanza más querida se había esfumado, se había ido por la ventana. Cerré los ojos contra las lágrimas y le pedí a Dios que, por favor, algún día me permitiera recuperar a mis hijos. Con mi futuro en manos de Dios, firmé la súplica con fe, con fe en que sí, en que mis bebés volverían a estar conmigo algún día.

Después de firmar los papeles, no me liberaron inmediatamente. En lugar de salir del juzgado como una mujer libre, tuve que volver a una celda en el juzgado hasta que llegó el momento de ser transportada de vuelta a la prisión. Allí me liberarían. Pero ese transporte solo se hacía una vez al día para que los guardias no tuvieran que hacer varios viajes.

Antes de que me escoltaran de vuelta a la celda, miré a mi papi, que, como siempre, estaba allí para apoyarme. Asintió con la cabeza y, con la mayor de sus sonrisas, dijo:

—Te espero, mi pequeña.

Aunque aún no era del todo libre, estaba emocionada por poder decirle a mi familia de la cárcel que por fin me iban a liberar. Fue una espera muy larga hasta que pude despedirme.

A la hora del transporte, nos llevaron a todos a una pequeña celda para esperar a los guardias. Nos subieron a todos juntos al transporte y regresamos. Todo el mundo estaba allí, animándome como si ya supieran que iba a salir. Una vez más, lloré. Estaba llorando al final de mi condena, igual que al principio, pero estas lágrimas eran de alegría.

—¡Oigan, me voy a casa! —grité apenas entré. Todas fueron a abrazarme y organizaron una fiesta de liberación. Corrí a mi celda para recomponerme, y me informaron que había recibido correo del juzgado.

Eran los papeles del divorcio. Por fin había finalizado mi divorcio. Ahora tenía dos tipos de libertades que celebrar: mi liberación de la cárcel y mi liberación de Horace.

La fiesta empezó con un banquete completo. Cocinaron fideos con piel de cerdo y queso. Comimos huevos en escabeche y mi postre favorito: brownies. Jugamos unas últimas rondas de dominó y cartas. Nos abrazamos y hablamos de cómo éramos una inspiración en la vida de la otra.

Cuando terminó la fiesta, me dirigí a mi celda para pensar qué pasaría después.

Lo regalé todo. *Aquí están mis fideos ramen. Aquí están mis barritas Snickers y mis galletas Oreo.* También regalé mi manta, mi jabón, mi cepillo, mi pasta de dientes, mis uniformes y mi papelería. ¡Incluso mi papel higiénico!

Y entonces fue cuando ocurrió: las guardias entraron por fin y dijeron las palabras que me moría por escuchar desde hacía más de un año: "¡Kennedy! Es hora de *salir*".

Corrí una última vez para dar más abrazos y dar las gracias. Prometí no olvidarme de nadie. "¡Les escribiré!" Dije una y otra vez.

Pasé por procesamiento. Alguien me entregó todas las pertenencias con las que entré, como el vestido que me había puesto para ir al hospital a ver a Shaniqua todas aquellas mañanas. Lo que había sido tan valioso para mí en la cárcel ahora eran cosas con las que no quería tener nada que ver.

Pero bueno, no me quejaba. Estaba lista para irme.

Unos minutos después de medianoche, las puertas se abrieron y salí como una mujer libre. Me sentí como Cenicienta poniéndose el vestido de baile. Ahora era libre para ser quien realmente era.

Aire fresco

Lo primero que hice al salir fue besar el suelo. Cuando levanté la vista, vi el Toyota 4Runner rojo de mi papi, y allí estaba él, mi papi, con los brazos abiertos. Lo segundo que hice fue lanzarme a sus brazos, llorando sin poder creerlo. Por fin había llegado el día que nunca pensé que llegaría. Mi hermano salió del asiento delantero para abrazarme también. Pero entonces, cuando me subí en la camioneta, para mi sorpresa, allí estaban Junior y Kenneth, con las sonrisas más grandes en sus caras.

Aunque había llorado tanto que creía que ya no tenía lágrimas que derramar, me salieron a borbotones. ¡Mis niños! Estaba de nuevo con ellos. Me aferré a ellos con fuerza. Tenían el mismo aspecto que cuando los dejé, salvo que eran un poco más altos y corpulentos.

Sí, el juez me había dicho que nunca volvería a estar con ellos. Pero para entonces mis padres habían luchado por su custodia y la habían ganado. No podría vivir con ellos, ¡pero estaría cerca!

Tenía libertad. Tenía a mis bebés.

—¡Quiero ir a McDonald's! —fue mi siguiente petición. Volví a sentirme como una princesa.

Comimos algo (los nuggets de pollo y las patatas fritas eran lo mejor, y eso sin hablar de la salsa de mostaza picante y la Sprite) y nos pusimos en marcha. Condujimos en medio de la oscuridad y las estrellas durante las ocho horas que duró el viaje de vuelta a El Paso. No pude dormir porque lo único que quería era ponerme al día con mi papi.

Con el tiempo, nuestra charla se calmó. Pero mi mente no estaba dispuesta a parar. Me puse a pensar profundamente y empecé a procesar todo lo que había pasado en tan poco tiempo. Cuando empecé a pensar de verdad y a reevaluarlo todo, me di cuenta: todas las conversaciones que había tenido con mi familia, todo lo que había hecho, las decisiones que había tomado.

Empecé a comprender que nuestra mentalidad dicta nuestro nivel de libertad. Fui prisionera en mi primer matrimonio, quizá en más sentidos de los que lo fui en una celda. Solo me liberé de allí yendo a una prisión real, física.

"La libertad no es gratis", me decía mi papi cuando me escribía, y volvió a recordármelo el día que me soltaron. A menudo me transmitía pequeñas semillas de sabiduría. Cada vez que mi papi acudía a mis comparecencias ante el tribunal, me decía algo, me daba una adivinanza o una frase moral antes de marcharse. Puede que no me hubiera parido, pero yo le consideraba mi apoyo número uno. Puede que sus historias no fueran alegres o ligeras o lo que otros considerarían alentadoras, pero siempre hablaba con un propósito. Sus palabras a menudo daban en el clavo. Mientras estaba en la cárcel, me debatía en la oscuridad, y sus palabras me ayudaron a procesar lo que me estaba pasando.

—Mi pequeña, toda acción tiene sus consecuencias.

—Mi pequeña, toda mala decisión tiene consecuencias.

El día que salí de prisión, fue:

—Mi pequeña, la libertad no es gratis.

He pensado mucho en esa frase a lo largo de los años. No, la libertad no es gratis. Yo había pagado muy cara la mía, en más de un sentido. Pensé que había pagado mi precio por ella por el tiempo que pasé entre rejas. Y ahora mi tiempo y mis decisiones volvían a ser míos. La cárcel me dio un gran caso de "debí": Debí haber escuchado a mi madre. Debí haber ido a la escuela. Debí haberme sacado la carrera. Debí, debí, debí.

Debido a que no escuché a mis padres, sufrí las consecuencias. Debido a que quise casarme y ser mayor antes de estar preparada, tuve que pagar. Como la Caperucita Roja de ficción, había desobedecido a mi madre y me había salido del camino por culpa de un lobo que me hablaba dulcemente, y el lobo me había devorado a mí y a mi familia. Ahora vendría mi renacimiento.

Verás, es fácil dejarse atrapar por los deberías. Es más difícil cambiar a la mentalidad de *¿Qué voy a hacer para cambiar?* Aún no tenía la respuesta a esa pregunta, pero estaba dispuesta a trabajar en ello.

Cuando empecé a ver montañas en el horizonte, algo que parecía que no había visto en años, mi interior empezó a saltar de la emoción. Habían cambiado tantas cosas desde la última vez que las vi. Mis padres tenían ahora la custodia de mis tres hijos. Yo era una mujer soltera, no una mujer-niña casada.

Intenté respirar hondo para calmar los nervios. Pero me resultaba cada vez más difícil cuanto más nos acercábamos a casa, a ver a Shaniqua. ¿Qué aspecto tenía? No había visto ninguna foto suya reciente. ¿Era pequeña? ¿Era grande? ¿Tenía el mismo aspecto que antes? Oh, cómo ansiaba abrazarla. Me moría de ganas de verla.

Hogar, dulce hogar

Por fin llegamos a la entrada. Entré corriendo en la casa e inmediatamente me envolvió el aroma de un desayuno casero. Mi madre me recibió con un fuerte abrazo. Shaniqua estaba en el sofá. Aunque las lágrimas me nublaban la vista, podía ver que tenía el mismo aspecto que cuando tuve que dejarla, solo que un poco más grande. Llevaba el pelo trenzado, un pijama y se chupaba el dedo.

Cuando la vi por última vez en el hospital, tenía tubos y vías conectados por todas partes. Afortunadamente, ya no los tenía. Solo tenía aparatos ortopédicos en las piernas. La abracé fuerte contra mí, y sí, cayeron más lágrimas. Lo consiguió. Había sobrevivido. Podía ver dónde le habían colocado la derivación en el cráneo. Le froté la cabeza y di gracias a Dios porque lo había conseguido.

No entendía por qué necesitaba un aparato ortopédico. Mis padres me explicaron que no podía andar. Seguía necesitando mucha ayuda.

Derramé más lágrimas. No eran de alegría. El peso de la responsabilidad de aquella trágica situación me aplastaba. Si le hubiera dejado, tantas cosas habrían sido diferentes, mejores. Si lo hubiera dejado, mi niña estaría caminando.

Mi madre me pidió que comiera. Era hora de recoger los pedazos y empezar de nuevo en la vida, comenzando por el desayuno. Puso en la mesa huevos, judías, sémola, salchichas, tortitas, galletas y jugo de naranja. Fue el mejor desayuno de mi vida, y no solo porque era buena comida hecha por mi madre, sino porque comí con ella, con mi papi, con mis preciosos hijos y con mi tía y mi tío de la infancia, los que ayudaron a criarme, así como con su hijo. Estaba con mi familia, las personas que más me querían y a las que yo más quería.

Como no tenía la custodia y no podía vivir en la misma casa que mis hijos, no podía volver a mi antigua habitación. Sin embargo, podía vivir cerca. Me mudé a un estudio encima del garaje independiente de mis padres. Mi papi me dio su tarjeta de crédito para ir de compras y poder decorarlo a mi gusto. Recuerdo que fui a Walmart y a Garden Ridge a comprar edredones, cuadros, toallas y alfombras de baño, ollas y sartenes, y todo lo que se te pudiera ocurrir. Cuando estaba todo dicho y hecho, mi estudio parecía sacado de una revista, y yo me sentía muy bien por dentro. Con la libertad de expresarme en mi propia casa.

Mis hijos vivían con mis padres en la parte principal de la casa. Así que, aunque legalmente no podía ser su madre, al menos podía verlos todos los días.

En mi primer día de vuelta, lo único que podía hacer era quererlos. Kenneth era ahora un niño regordete de dos años y Junior tenía tres. Al principio, Junior se me quedaba mirando, como si no supiera qué hacer, pero los dos se acordaron de mí. No puedo expresar lo feliz que me hizo.

Aunque estaba dispuesta a seguir adelante con mi vida, no quería olvidarme de mi estancia en la cárcel y de la gente que había conocido allí. Al menos, no al principio. Poco después de volver, le pedí a mi madre unas postales para enviarles unas cartas.

Pero mi madre me dijo:

—Tienes que empezar de nuevo. Esa ya no es tu vida. Esas chicas que conociste, esas personas, no son tu verdadera familia. Ya has hecho pasar bastante vergüenza a tu familia y no puedes empezar una nueva vida así. Necesitas dejar todo eso en paz.

Ella fue realista. No quería ser la persona que era en prisión. Había crecido un poco mientras estuve allí, especialmente en términos de mi fe. Y quería seguir creciendo. Ahora tenía mi propia interpretación de la Biblia, mis propias ideas sobre qué escrituras eran importantes y qué me pedían que hiciera. Necesitaba seguir adelante y dejar atrás a mi antigua familia carcelaria.

Sin embargo, no tenía muchos amigos en El Paso cuando regresé, la hija pródiga. Todavía tenía un montón de tías, tíos y primos, pero aparte de mi tía y mi tío, que rentaban el sótano del apartamento de mis padres, la mayoría eran distantes. Sabían que había estado en algún lugar. Me miraban de reojo y me preguntaba qué estarían pensando de mí. O al menos, esa era mi percepción de ellos. Me dieron la bienvenida abiertamente, pero no podía deshacerme de la vergüenza. Había sido la comidilla del pueblo. Había avergonzado a mi madre. Había deshonrado a mi familia. No había escuchado, y ahora todo me parecía un gran "te lo dije". No podía quitarme la idea de que me juzgaban desde todas partes. Que me creían culpable. Esa creencia formaba una especie de prisión donde se despertaba mi miedo sobre el qué dirían los demás. Lo irónico es que veintiocho años después descubrí que mi familia nunca supo dónde me encontraba. Mi madre se lo había guardado para protegerme a mí y a mis hijos.

Encontrar mi lugar

Volver a El Paso también fue extraño en el sentido de que, aunque estaba lleno de familia y buenos recuerdos, también estaba lleno de viejas cargas y personas de mi pasado que, de alguna pequeña manera, me habían puesto en mi camino hacia el desierto. Mi prima Julie era una de ellas. La envidiaba cuando íbamos al instituto, con sus zapatos nuevos, su confianza en sí misma, su adicción a las drogas y su actitud indiferente hacia las normas. Era preciosa, con su piel hispana bronceada por el sol y su cabello negro, largo y liso. Lo suficientemente guapa como para ser stripper y ganar dinero con su aspecto, incluso siendo adolescente. No parecía que quisiera nada. Yo quería ser como ella, lo cual era, por supuesto, otra fuente de tensión entre mi madre y yo.

De cierto modo, incluso después de todo lo que habíamos pasado desde aquellas despreocupadas noches de escapadas a fiestas de fraternidades, yo seguía compitiendo con ella. Al salir de la cárcel sin nada, veía todo lo que ella tenía, todas las posesiones materiales, y también quería esas cosas, como antes. Por supuesto, este tipo de codicia, ahora lo sé, tenía un precio.

Volví a conectar con mi prima, y seguía envidiándola, pero también tenía otras prioridades. Tenía que ser madre aunque mis padres tuvieran la custodia, cosa que no cambiaría hasta que pudiera cumplir los requisitos del juez, y solo después de eso, podría intentar de nuevo el asumir plenamente ese papel. Tenía que tomar clases de crianza. Tuve que sacarme el GED, lo que me llevó unos tres meses, y mis viejos hábitos de estudio volvieron, así como montar bicicleta. Tuve que hacer muchas cosas para cumplir los requisitos de la libertad condicional.

Las autoridades no creían que fuera capaz de hacerlo, pero no me conocían como lo hacía mi familia. No conocían mi determinación, una que podía aflorar de nuevo ahora que no estaba atrapada en las cadenas emocionales de mi primer matrimonio.

Mi madre me apoyó y es una de las personas más fuertes que conozco. Ella se hizo cargo en más formas que solo guiando la separación de mi vida presidiaria. Cuando me liberaron, ella ya había encontrado un programa de GED a través de la UTEP. Me inscribieron en clases para padres poco después de matricularme en la universidad. Pronto, más rápido de lo que hubiera podido hacerlo por mi cuenta, estaba en camino a cumplir con las estipulaciones del juez y poner mi vida en orden. Fue entonces cuando comenzó mi nueva travesía. A principios de los años 2000, todas mis clases eran presenciales. Al estar cerca de la frontera, los estudiantes eran una mezcla de todo: todas las razas y todas las edades.

Yo no quería ir a mis clases. Eran todas largas y aburridas, la educación más insípida que se pueden recibir. Y no creía que las necesitara. El único delito que había cometido era seguir en un mal matrimonio. No estaba segura de lo que debía aprender de este castigo. Tampoco seguí el consejo de ir a terapia porque no creía en ella. Tenía a mi iglesia para sostenerme. ¿Qué más necesitaba?

Así que obtener mi GED estuvo lleno de emociones encontradas, especialmente cuando me estaba esforzando a través de lo que parecía una tonelada de trabajo y pruebas sin ninguna de las trampas sociales y eventos importantes de la escuela secundaria. La "graduación" me pareció un poco fuera de tiempo y lugar, una pequeña ceremonia en el aula en la que te daban un trozo de papel. Tuve una pequeña sensación de logro, un poco de gratitud, pero en general me sentí vacía.

Tenía otras cosas ocupando mi mente: una depresión nacida de la falta de autoestima y la vergüenza que me alejaba de mis compañeros. Me preguntaba si conocían mi pasado, como si hubiera un letrero, invisible a mis ojos, con la palabra "exconvicta" iluminada como el 4 de julio con una gran flecha apuntándome. Me preguntaba si sabían quién era realmente. Me preguntaba si sabrían que había ido a la cárcel, si seguirían queriendo estar cerca de mí. La duda me hacía preguntarme si merecía estar allí.

Esos pensamientos se extendieron más allá de mi pequeño grupo de compañeros de clase. Una vez que obtuve el GED y estuve en mejores condiciones para llenar solicitudes de empleo, tuve que marcar la casilla junto a "¿Ha sido condenado por un delito grave?". Después de ver eso, ¿le darían una segunda mirada a mi solicitud o iría directamente a la papelera? Solo ver la pregunta me asustaba. Me hacía retroceder en el tiempo y recordar aquella época de mi vida que ahora formaba parte permanente de mi identidad y que tenía que reexaminar cada vez que presentaba una solicitud de empleo.

Me preguntaba quién me querría así, una madre soltera con antecedentes, sin trabajo y con tres hijos, uno de ellos discapacitado por no haberme marchado. Los pensamientos giraban en torno a la vergüenza de convertirme en la persona en la que mi familia me había advertido que me convertiría si no les hacía caso. ¿Quién me querría? ¿Quién me amaría? ¿Tendría alguna vez una vida normal? ¿Sería alguna vez lo suficientemente buena? Cuanto más tiempo pasaba fuera, más confuso me resultaba estar allí en mi cabeza, en la cárcel. Y lo que había dicho mi madre acabó pareciéndome el mejor consejo: No escribirles a mis antiguas compañeras de celda.

Capítulo 8
Ver lo que es posible

Nunca olvidas quién estuvo a tu lado en situaciones difíciles. Del mismo modo, nunca olvidas quién no estuvo, como las personas que creías que eran familiares o amigos íntimos y que se dispersaron o te abandonaron. Olvidan o no quieren recordar. Desde entonces he aprendido que eso no solo se aplica a crisis estigmatizadas, como la cárcel.

Cuando salí, tuve la oportunidad de volver corriendo hacia Daniel, mi primer amor. De hecho, él y el equipo se alegraron tanto de verme que me organizaron una fiesta como en los viejos tiempos, antes de que me casara. Pero una cosa era diferente: yo era más consciente de lo que me rodeaba, ya que estaba en libertad condicional y no podía permitirme que nada saliera mal.

Sin embargo, el soborno lo era todo. Había carne a la parrilla, bebidas por todas partes, picas y fichas de dominó en las mesas, charlas y, por supuesto, música de la vieja escuela: Eazy-E, NWA, Public Enemy y muchos más. Seguíamos siendo una gran familia. Yo seguía formando parte de ella. Sabía que nadie se metería conmigo: si te metías con uno de nosotros, te metías con todos. Me sentía bien estando con ellos. Sobre todo, era bueno no tener que preocuparse de que te miraran como un loco. Como ellos también habían estado en la cárcel, me aceptaban.

Daniel me había rogado que no me casara, pero lo hice de todos modos. Sin embargo, nunca me dio la espalda. Fue una de las pocas personas que me apoyó durante mi primer matrimonio. Mientras estuve entre rejas, me escribió cartas y puso dinero en mis libros. La Biblia dice que hay amigo más fiel que el hermano (Proverbios 18:24). Pero, aunque podría haber reavivado nuestro romance del pasado, algo me detuvo. Él seguía siendo un traficante de drogas, y yo no podía arriesgarme a volver a la cárcel por nadie, sobre todo cuando estaba luchando por recuperar a mis hijos y rehacer mi vida. Le quería, pero no le quería más que a mis hijos. Y él lo aceptó, por eso seguimos siendo amigos hasta el día de hoy. Mi madre me preguntó sobre eso: "¿Es esa la vida que hubieras querido?". Pero nada de lo que ella dijo pudo influir en mi afecto. Nunca me hizo daño. Nunca se olvidó de mí.

Hay algo que decir sobre la lealtad. Podría haberme dado la espalda cuando me encerraron, pero no lo hizo. Se empeñó en mantenerse en contacto conmigo cuando yo estaba deprimida, y por eso le estaré eternamente agradecida. La gente tiende a olvidarse de ti cuando ya no estás cerca, así que dice mucho de las personas cuando estas deciden permanecer a tu lado en tus momentos más bajos. En cualquier caso, por mucho que le quisiera y por más que apreciara que nunca me diera la espalda, sabía que esa ya no era la vida que yo quería o deseaba.

Además, no tenía tiempo para romances. Tenía que ir a la iglesia.

Después de tanto orar, sentía que le debía lealtad a Dios por haberme dejado salir. Así que, aunque no reavivé mi relación romántica con Daniel, volví con el pastor Moore y la congregación que había conocido como mujer casada. También me habían apoyado cuando estaba en la cárcel; desde la distancia, me habían ayudado a mantener mi fe y mi espíritu en alto, y me habían dado ese último empujón para conseguir el divorcio. Al final, las palabras del pastor se hicieron realidad: ¡salí de la cárcel cuando mi divorcio fue definitivo!

Me sentía cómoda con ellos, aunque no estaba segura de cómo me sentiría al entrar en la misma iglesia donde me casé con Horace. Aun así, no veía la hora de decirle al superintendente Moore que tenía razón sobre mi liberación, no veía la hora de estar en alguna casa del Señor.

Mi madre todavía no era un fan de Bethel, a pesar de mis intentos por defender la congregación. Realmente sentía que las palabras del superintendente pastor Moore habían jugado un papel importante en la celebración de mi fe, así que quería regresar. Además, para entonces yo conocía mejor mi fe, pues había hecho mis propios estudios bíblicos lejos de Horace y su madre. Estaba más segura de quién era e incluso me sentía cómoda saltándome las normas aquí y allá. A veces me pintaba los labios. A veces incluso me ponía pantalones.

Me alegró descubrir que mi nueva perspectiva sobre lo que dice la Biblia contaba con el apoyo de mi antigua congregación. Pusieron diferentes ejemplos de personajes de la Biblia que habían pasado por pruebas similares a las mías. Me aseguraron que Dios debía de quererme mucho para encerrarme, salvarme la vida para no terminar en un funeral, y ponerme dos metros bajo tierra. Me dijeron que todo estaba bien. Que lo que había pasado estaba bien. Esa aceptación significó mucho. Así que volví al lugar donde empezó todo, con la esperanza de contar bien la historia esta vez.

De hecho, iba a la iglesia cada vez que se abrían las puertas. Era mi forma de agradecerle a Dios que me diera otra oportunidad. Formé parte del coro y de la junta de ujieres. Cada vez que se abría la línea de oración, yo estaba allí pidiendo una oración especial por mis hijos. Cada vez, oraba para que me devolvieran a mis hijos.

Transición

Hubo un breve momento de transición en el que tuve que ir y regresar de Luisiana hasta que mi caso fuera trasladado a Texas. Mi papi tenía una sobrina llamada Sheila que vivía en Nueva Orleans. La vi por primera vez al salir del juzgado con mi papi. Allí estaba: una hermosa mujer de piel clara, delgada y con el cabello largo y negro.

—Hola, Monique —me dijo. —Soy Sheila —ya conocía mi historia porque mi papi se la había contado. Me sentí intimidada porque se le notaba el éxito por todas partes. Se dirigió a un Mercedes blanco, abrió una puerta y me miró.

—Monique, sube.

Me quedé mirándola. Lo repitió mientras se acomodaba en el auto.

—¡Sube! —así que entré.

Mi prima Sheila era joven y tenía éxito, trabajaba en el campo de la informática. Era soltera y no tenía hijos. Vivía en un bonito estudio contemporáneo decorado en rosa y verde.

—¿A qué te dedicas? —le pregunté, impresionada.

—Soy una AKA, de la hermandad Alpha Kappa Alpha —dijo alegremente. —Y una esclava más de la América corporativa.

—¿Cómo te conviertes en una AKA? —las ruedas empezaron a girar en mi cabeza con nuevas esperanzas tras mi liberación. Si pudiera hacer algo para establecerme, lo haría.

Esa esperanza se desvaneció rápidamente.

—Oh, eso es algo que nunca podrás ser porque solo aceptan a los mejores, y tú tienes antecedentes. Tienes que tener un título universitario —que era algo que, obviamente, yo no tenía. Hizo una mueca pícara, provocando que sus bonitos pómulos resaltaran entre la cuidada combinación de colores modernos de mediados de siglo de su casa.

Vale, entendido. Abandoné los estudios en noveno grado. Estaba divorciada. No tenía nada, ni siquiera a mis hijos. Podría estar libre de la prisión física, pero nunca me dejarían ir por completo. Ahora estaba marcada permanentemente, y los demás me verían solo como una exconvicta. No era nadie. Ella tenía todo lo que una chica joven podía soñar: un buen trabajo, sin hijos y un apartamento de lujo, y en aquel momento salía con un atleta.

Cada vez que íbamos juntas a algún sitio, llamaba la atención. Iba vestida de punta en blanco y, por supuesto, llevaba perlas con cualquier vestimenta. Vestía con las mejores marcas y viajaba a todas partes. Lo creas o no, se convirtió en una de mis mayores inspiraciones porque me sentaba allí y soñaba con cómo sería tener una vida como la suya, un apartamento como el suyo, un auto como el suyo o ropa como la suya (porque vestía muy bien). Nos compenetrábamos. Teníamos las mejores charlas de chicas por la noche y me regalaba ropa suya.

Quizá por eso me dejé liar con un policía que coqueteaba conmigo cuando estaba en la cárcel. Era un guardia mayor que nos llevaba y traía del juzgado. Era un hombre alto, de un metro ochenta, calvo, color chocolate, con un montón de músculos y perilla. Conducía un Cadillac negro con asientos granates y un equipo de sonido increíble.

En los primeros días de mi libertad, cuando estaba en Luisiana, en casa de Sheila, salía con él o me llevaba a su casa para prepararme la cena. Me trataba como una persona. Siempre me decía lo guapa que era y que no le importaba que tuviera tres hijos. Siempre decía las cosas correctas. Ponía Al Green cada vez que estábamos juntos, el tipo de música que escuchaba con mi papi. Era como un sueño.

Como esposa de Horace y buena pentecostal, me habían prohibido escuchar el tipo de música que me gustaba antes de casarme con él. Había echado de menos a Al Green.

Seguía buscando aceptación y seguridad. Aquí estaba este maduro oficial de policía, con una casa, un auto y una vida estable, haciendo cosas normales. Sabía que yo era una delincuente, que no tenía nada, y aun así quería estar conmigo. Al menos, eso era lo que me decía a mí misma en aquel momento. Por supuesto, más tarde me daría cuenta de que solo quería acostarse conmigo, pero entonces mi autoestima era frágil y habría creído que cualquiera que me dijera que me quería solo tenía buenas intenciones conmigo.

Aun así, esa niña rebelde que vivía dentro de mí, que había sido presionada hasta el silencio durante mi matrimonio, empezó a abrir los ojos. Cuando empezó a acostumbrarse a la libertad de poder pensar por sí misma, empezó a tomar decisiones que darían un giro a su vida.

Quería demostrarle a Sheila que podía ser alguien. Quería demostrárselo a todos. Sobre todo porque ella me introdujo a una vida que no sabía que existía. Aunque solo estuvo en mi vida durante un breve periodo de tiempo, tuvo un gran impacto.

Una cosa que he aprendido en esta cosa llamada vida es que no conoces la historia de nadie, aunque creas que sí. Nunca sabrás ni la mitad, aunque te la cuenten entera. Algunas de las chicas que conocí en la cárcel eran inocentes. Algunas se sacrificaron por los demás. Algunas tenían problemas de salud mental. Y algunas estaban allí porque querían salvar sus vidas. No vivimos su historia con ellas, así que no podemos entender por qué hicieron lo que hicieron o sintieron lo que sintieron. Y tirar piedras no arregla nada; solo te permite fingir que nunca serás tú el golpeado. Todo el mundo tiene una historia, y las historias siempre tienen dos caras.

Si tuviera que darme a mí misma un mensaje en ese momento de mi vida, ante la gente que dudaba de mí con un nuevo y frágil sueño hecho añicos, sería: puedes conseguirlo. No tienes por qué ser una estadística. No tienes por qué quedarte en el vientre de la bestia. El desierto tiene un final. Y puedes enseñárselo a todos.

Después de veintisiete años, finalmente volví a ver a mi prima. Es curioso cómo Dios permite que sucedan cosas así. En abril de 2023, yo estaba en casa de su tía cuando ella entró. Hicimos contacto visual y le pregunté: "¿Te acuerdas de mí?".

Me recordó. Cuando dijo que sí, pude saludarla con "¡Hola, sóror!" porque me había convertido en miembro de AKA. Nos dimos un fuerte abrazo con lágrimas en los ojos. ¿Quién hubiera pensado entonces que cuando la volviera a ver, sería algo que ella dijo que nunca podría ser? ¡Su sóror! (Lo explicaré en los próximos capítulos).

Mis latidos

Luché por mis hijos, y al final los recuperé. Tuve que asistir a clases para padres una vez por semana, a veces dos. De las clases pasé a las visitas supervisadas.

Aún quedaban varios pasos por dar antes de poder recuperarlos. El principal de ellos era que tenía que ser capaz de proporcionarles estabilidad económica; tenía que rehacer mi vida y ser capaz de mantenerlos. La cantidad y la altura de los obstáculos lo hacían casi imposible. Sin embargo, estaba preparada para el reto. Me rechazaban a diestro y siniestro en los trabajos porque estaba en libertad condicional y tenía antecedentes. Finalmente, después de obtener el GED, me armé de valor y, al solicitar un trabajo como cajera en un banco, decidí no marcar la casilla en la que me preguntaban si alguna vez había sido condenada por un delito grave. Conseguí el empleo. No me gustaba mucho, así que más adelante encontré uno como representante de atención al cliente en una compañía telefónica.

Los niños cuando estaban con mis padres.

Aún quedaban varios pasos por dar antes de poder recuperarlos. El principal de ellos era que tenía que ser capaz de proporcionarles estabilidad económica; tenía que rehacer mi vida y ser capaz de mantenerlos. La cantidad y la altura de los obstáculos lo hacían casi imposible. Sin embargo, estaba preparada para el reto. Me rechazaban a diestro y siniestro en los trabajos porque estaba en libertad condicional y tenía antecedentes. Finalmente, después de obtener el GED, me armé de valor y, al solicitar un trabajo como cajera en un banco, decidí no marcar la casilla en la que me preguntaban si alguna vez había sido condenada por un delito grave. Conseguí el empleo. No me gustaba mucho, así que más adelante encontré uno como representante de atención al cliente en una compañía telefónica.

Poco a poco, pieza a pieza, las cosas fueron encajando. Podía estar con mis hijos siempre que quería, ya que estaban en el piso de arriba, y tenía un estudio con una distribución parecida a la que tenía Sheila. Mis padres se aseguraron de que siempre estuviera bien vestida, algo que empezó a ser importante para mi madre cuando se dio cuenta de lo baja que estaba mi autoestima. Ella quería que yo supiera lo que me gustaba, lo que quería y que supiera que merecía tenerlo. También me matriculé en la Universidad de Texas en El Paso (UTEP) para hacer algunos cursos universitarios básicos.

Tenía el auto de mis padres (un flamante Chevy Cavalier deportivo de color blanco perla), así que no tuve que comprarme uno. Y pude salir con los chicos y hacer cosas que siempre había deseado hacer con ellos. Shaniqua, en cambio, necesitaba un poco más de atención debido a su discapacidad, así que no salía tanto con ella.

Mis padres contrataron a una niñera mexicana a tiempo completo para que les ayudara con los niños. Se llamaba Soco y tendría unos sesenta años. Soco cuidaba de los hijos de una de las alumnas de mi madre y, cuando esa familia dejó de necesitar sus servicios, acudió a mi madre para ver si conocía a alguien que necesitara una niñera. Para su sorpresa, mi madre la contrató en el acto. El día que se mudó, Soco se convirtió en una plegaria atendida (literalmente, un regalo enviado del cielo). Otra pieza de mi vida que se encaja.

Con el apoyo añadido, por fin me sentí capaz de cuidar y proteger a mis bebés, que cada vez eran más importantes para mí. Cuando salí de la cárcel, me enteré de que, mientras los niños estaban en acogida en Luisiana, nunca los separaron porque tenían familiares estables que los querían; por lo tanto, nunca corrieron riesgo de ser adoptados.

Pero, por desgracia, tuvieron que lidiar con padres de acogida hasta que mis padres pudieron conseguir la custodia. Y hubo depredadores que se aprovecharon de la situación. Abusaron de mis hijos. No tengo todos los detalles. Es difícil organizarlos, sobre todo porque yo estaba en la cárcel en ese momento. Pero mis padres me lo contaron después. Cuando consiguieron la custodia, mi madre se dio cuenta de que ellos protegían sus cuerpos, sobre todo cuando los bañaba. Realmente no querían bañarse. Casi como si no quisieran que los tocaran. Y lloraban. Solo tenían dos y tres años, pero ella fue capaz de sumar dos más dos y descubrió que habían abusado de ellos.

A Shaniqua le había costado mucho más volver a la familia. Había sobrevivido a lo que le había hecho su padre, pero las heridas le habían dejado parálisis cerebral. La familia que la acogió era buena y quería adoptarla. Mis padres los conocieron y confirmaron que eran personas amables y cariñosas que cuidarían bien de ella. Pero ella era de los nuestros, y mis padres lucharon para que siguiéramos juntos. Siempre estaré en deuda con mis padres por ello.

Aunque no podía cambiar lo que ya había sucedido, sí pude cambiar la trayectoria de las cosas para mí y mis hijos en el futuro. Empezaba a encontrar poco a poco mis raíces.

Capítulo 9
Una nueva oportunidad en el amor

Salí con mi segundo marido, William, durante seis meses antes de casarnos. Aunque no recuerdo cómo nos conocimos, su amigo Warren sí lo recuerda vívidamente y pudo completar los detalles.

Conocí a Warren en Fort Bliss. Se me acercó y se interesó por mí, incluso cuando le dije que no debería hacerlo, y empezamos a flirtear ligeramente. Una noche, cuando estábamos hablando por teléfono mientras él y William estaban en un partido de béisbol, le pasó el teléfono a William. Él y yo congeniamos de inmediato. Acabamos hablando toda la noche. Al día siguiente, nos conocimos en persona, y le pregunté si quería ir a la iglesia conmigo ese viernes siguiente. El pastor Moore siempre decía que conoceríamos a nuestros futuros maridos si iban a la iglesia con nosotros un viernes por la noche. William se reunió conmigo allí esa noche, y fuimos a comer a Golden Corral cuando terminaron los servicios.

Después de todas mis luchas con la autoestima, William me pareció una bendición. Tenía un hijo en el norte de Texas, así que ya estaba bien con la paternidad, y parecía que yo y mis hijos le caíamos bien. También era militar, así que sabía que tenía un trabajo estable y respetable, y yo estaba muy familiarizada con ese estilo de vida. Pensé que seguía los pasos de mi madre y que esta vez había encontrado un buen hombre. Pero supongo que no pensé hasta el final sobre dónde a mi madre la habían llevado sus propios pasos.

Pensaba que había pagado el precio de mi libertad y que iba en camino hacia tiempos más felices. Lo que no sabía era que el desierto aún no había acabado conmigo, y que Dios aún tenía que enseñarme lo que significaba ser libre como persona y libre para amarme a mí misma. Mientras tanto, allí estaba William. Tan guapo, con su piel color chocolate y su hermosa sonrisa. Sus dientes eran tan blancos que se veían a la legua. Conducía un Honda azul con llantas plateadas y un buen equipo de sonido. Y era todo un caballero. Me abría la puerta y siempre me hacía cumplidos por mi aspecto. Me trataba bien. Salíamos a cenar a restaurantes más bonitos de lo que yo estaba acostumbrada y siempre pagaba él.

Quizá lo más impresionante es que no le importaba ser padre de cuatro hijos y no le importaba llevar a los chicos a cortarse el cabello o mantenernos a mí y a los niños. Incluso quería a Shaniqua. No le importaba que tuviera una discapacidad. Con esa personalidad encantadora y acogedora y su gran carrera, era como una mezcla de mis dos padres. Era perfecto.

William también me quería por como yo era. Como ya he mencionado, había empezado a saltarme un poco las normas de la iglesia, aunque esta seguía siendo un punto central en mi vida. Llevaba pantalones con más frecuencia e incluso utilizaba brillo y perfilador de labios para acentuar mis labios. William me dijo que mis labios eran preciosos, que eran uno de los rasgos que más le atraían de mí. Aquella afirmación acalló las viejas burlas de la infancia sobre mis labios grandes. A William le gustaban como eran. Afirmaba que yo era atractiva y adorable. Eso fue lo que hizo que me enamorara aún más de él.

Y cuando mi amor por él me llevó a abrirme sobre mi pasado, él también lo aceptó. Todavía era reservada con la mayoría de la gente, seguía pensando que no les agradaba, que me temían y que no era lo bastante buena para estar con ellos.

Por supuesto, mis pastores habían intentado combatir esa idea. Me dijeron que Dios tenía planeado algo especial para mí. "Tú sabes quién eres", me decían. "No te conformes con menos. Tómate tu tiempo". Pero incluso con su aliento constante, sentía que la vergüenza y la duda se cernían sobre mí como una nube. No podía creerles. Yo sabía quién era: una madre soltera con antecedentes y en libertad condicional. Mi alma se sentía vacía por todos mis errores. Estaba atrapada en mi propia mente, aunque era libre en mi cuerpo. A veces pensaba: ¿soy realmente libre? Y me preguntaba temerosamente: ¿Si no seguía el camino que tenía ante mí tendría alguna vez otra oportunidad de encontrar el amor y una vida estable?

William había atravesado mi nube de dudas con su brillante y reluciente sonrisa. Volví a sentirme como una princesa, esta vez viviendo el cuento de la Cenicienta. Así que corrí hacia mi príncipe, en parte por alivio y alegría, pero también por desesperación, porque nunca pensé que alguien nos quisiera a mí y a mis hijos.

A medida que fuimos aprendiendo y conociéndonos, descubrí que él también era el principal proveedor de sus hermanas y su familia en Vernon, Texas. Cada vez que llamaban y había que pagar una factura o necesitaban dinero, él se encargaba de todo. Eso me afectó mucho. Mi papi también se ocupaba de mucha gente, así que no pude evitar pensar que había conocido a alguien como él. De nuevo, algo que no pensé hasta el final.

Se lo presenté a mis padres un par de semanas después de empezar a salir. William me dijo que el Señor le había dicho que yo iba a ser su esposa. También me citaba las Escrituras. Especialmente Proverbios 18:22: "El que haya esposa haya cosa buena". Pensé que Dios me estaba haciendo saber que había enviado a William a encontrarme. Honestamente, eso me emocionaba. Estaba haciendo todo lo correcto. Sentí que era una confirmación de Dios de que él era el próximo marido al que me sometería como esposa. Sí, son creencias religiosas de la vieja escuela, pero eran las mías en aquel momento, cosas en las que creía a pies juntillas. William no tenía una iglesia regular cuando lo conocí. Por lo tanto, también terminó convirtiéndose en un miembro de Bethel.

Cuatro meses después de eso, Nos casó Elder Eugene en Bethel (la misma iglesia donde mi exmarido y yo nos casamos). Fue una boda muy pequeña e íntima. Los únicos que asistieron fueron su mamá, sus hermanas, su tía, su hijo, mis hijos, mi mamá, mi hermano y, por supuesto, mi papá. Después de casarnos, fuimos a comer a un restaurante. Salir por seis meses no parece tanto tiempo para algunas personas, pero él estaba haciendo todo lo correcto, y recuerden, yo solo tenía veintidós años.

A mi padrastro, que era militar, le parecía bien que me casara con un militar que tuviera una carrera estable y que me quisiera a mí y a mis hijos, pero mi madre no estaba tan segura. Se había formado una mala opinión de todos los hombres de uniforme. De hecho, pensaba que eran unos perros. Nunca estaban en casa y siempre se acostaban con cualquiera. Pero, por otra parte, había dicho más de una vez que un hombre siempre será un hombre; mientras se ocupe de su casa, eso es lo único que importa. Por supuesto, ella se basaba en sus propias experiencias, que no creía que pudieran aplicarse a toda la especie. Además, estaba segura de que se equivocaba en este caso. Quería a mis hijos. Iba a la iglesia. Tenía una carrera respetable. Su familia venía de Vernon, y después de conocerlos, era como si perteneciéramos el uno al otro, así que lo único que podía pensar era: "Por favor, que se equivoque con este".

Mudanza a Vernon

Poco después de casarnos, William acabó saliéndose del ejército. En cuanto le dieron la baja, nos mudamos a Vernon, su ciudad natal, a unas ocho horas en auto de El Paso. Allí le esperaba un trabajo en el ayuntamiento. Vernon era también donde vivía su primogénito junto con toda su familia: sus hermanas, su madre, su abuela, su tío y su tía.

La idea de la separación no sentó bien a mis padres después de que mi primer matrimonio me llevara a Nueva Orleans y de lo que ocurrió allá. Él les aseguró que nos llevaría a casa de visita, y ellos vieron que William quería a mis hijos, que se ganaba la vida honradamente y que se quedaría en el estado, así que estaban dispuestos a darnos su bendición.

Empacamos en el Honda y nos fuimos: William, yo y mis hijos. Por desgracia, Shaniqua tuvo que quedarse con mis padres. Su parálisis cerebral, causada por la fractura de cráneo y el consiguiente daño cerebral, le había paralizado el lado izquierdo. No podía hablar ni comunicarse de forma sustancial, y necesitaba ayuda para todas las tareas cotidianas. Mi papi me contó que, cuando estaba con respiración asistida en el hospital, le pidió a Dios que le permitiera salir adelante. Prometió cuidar de ella si Dios la dejaba vivir, y estuvo encantado en atender sus grandes necesidades. Además, mis padres eran extremadamente sobreprotectores con ella y los niños y, como no podía hablar, ni siquiera se planteaban que se fuera a ningún sitio. Así que se quedó con ellos, donde Soco era su compañera constante, ayudándola las veinticuatro horas del día. Aunque me partía el corazón dejarla atrás, sabía que estaba en un mejor lugar, ya que yo no podía darle a mi hija ese nivel de estabilidad y cuidados después de otra gran mudanza. Y sabía que vendría a visitarnos durante las vacaciones de primavera y verano.

Vernon es una pequeña ciudad rural situada cerca de la frontera con Oklahoma, al norte de Dallas, a las afueras de Wichita Falls. Es un pueblecito curioso. Muy segregado, lo cual era nuevo para mí. Vivíamos con la tía de William y sus dos hermanas, que eran muy jóvenes, de una edad parecida a la de mis hijos, en una bonita casa de tres habitaciones que yo podía decorar como quisiera. Los niños se lo pasaron en grande con su nueva familia. Encontré una nueva iglesia a una hora de distancia, en Wichita Falls (High Praise Church), así que pude seguir con la misma religión. Volví a llevar vestidos para encajar con mi nueva congregación y sus ideas más firmes de santidad, y la familiaridad de sus normas me hizo sentir como en casa. Contábamos nuestras bendiciones. Era un nuevo comienzo y una pizarra en blanco.

Conseguí un trabajo como secretaria de unidad en el hospital local y William trabajaba para el ayuntamiento. Nadie conocía mi pasado. Me había arriesgado una vez más y no había marcado la casilla junto a la pregunta sobre condenas anteriores. Sabía que si lo hacía, nunca me contratarían en ningún sitio que prometiera una verdadera carrera.

Al principio, administraba y atendía las llamadas de los pacientes y contestaba al teléfono, indicando a los que llamaban dónde tenían que ir. Luego me enseñaron a ser telemonitor y a vigilar la máquina de telemetría. Literalmente, vigilaba el latido de corazón del hospital. Acabé obteniendo el certificado de técnico de telemonitorización y luego, tras dominar la atroz caligrafía de los médicos, me convertí en auxiliar de enfermería. Incluso coqueteé con la idea de convertirme en enfermera titulada. Pero era un sueño que era mejor no perseguir, ya que más adelante me enteré de que no se puede ser enfermera si se ha sido condenado por un delito grave.

Me acompañaba una compañera de trabajo llamada Toya. Ella no tenía hijos, así que los míos equilibraban la ecuación entre nosotras. Era agradable tener conversaciones regulares y adultas con una amiga.

Y me sentí importante. Prestigiosa. Estaba ayudando a salvar vidas. Algunos podrían pensar que mi trabajo real tenía un impacto pequeño, pero para mí, el trabajo lo era todo.

¡Sí! Mi vida estaba cobrando sentido. Los chicos estaban matriculados en la escuela, y cuando no estaban en la escuela, iban al Boys and Girls Club. En Vernon no había mucho que hacer, así que para pasar el tiempo nos quedábamos en casa jugando al dominó o a las picas, y los fines de semana íbamos a los flats (un parque donde la gente iba a beber y a pasar el rato). En Vernon conocí por primera vez la música blues. A Cecil Mae (tía de William) le encantaba escuchar a Johnny Taylor. Una de sus canciones favoritas era *"These Last Two Dollars"*. También le encantaba el *"highside"*, así que puedes imaginarte que nunca nos aburríamos.

Incluso conocí alimentos nuevos para mí: patas de cerdo, chitlins, orejas de cerdo, pepinillos en Kool-Aid, verduras y guisantes de ojo negro. También estaba el plato favorito de Cecil Mae, del que nunca había oído hablar y que me daba miedo probar: ¡le encantaban los huesos de cuello! Especialmente con verduras y pan de maíz.

¡Fue una aventura muy divertida! Incluso los niños disfrutaron acostumbrándose a su nuevo estilo de vida. No tardaron en estrechar lazos con las hermanas de William y su nuevo hijastro, jugando juntos al aire libre hasta que se encendían las luces. Se hicieron muy amigos. Cuando uno se metía en líos, todos se metían en líos.

¡Era todo tan perfecto! Incluso íbamos a la iglesia todos los domingos. Cuando no íbamos hasta Wichita Falls, íbamos a la iglesia baptista del barrio. No podía pedir una vida mejor.

Pero poco después de mudarnos a Vernon, falleció la madre de William. Fue el primer funeral al que asistí. ¡Y pobre William! Estaba tan dolido; parecía que nunca se recuperaría. De hecho, hizo un 360 después de que la perdimos. Empezamos a discutir hasta por las cosas más pequeñas. Y no estaba tan comprometido como antes con su familia. De hecho, prácticamente se alejó de todo y de todos excepto de su abuela. Aquella que tenía todo su corazón. No podía evitar preguntarme dónde estaba el hombre con el que me había casado.

Un día fui a casa de su abuela. Eso no era inusual. Con frecuencia necesitaba que se ocuparan de algo en su casa, así que íbamos todas las semanas a verla. Pero ese día en particular, mientras se mecía en su mecedora, haciendo ganchillo y mascando tabaco, dijo casualmente: "Cuando Dios quita, da".

No sabía qué responder, así que esperé un poco. Entonces, de la nada, volvió a decirlo.

¿No te lo imaginabas? Fue entonces cuando descubrimos que yo estaba embarazada de Janae.

La sonrisa de William no tuvo precio cuando se lo dije. Era la primera sonrisa desde que su madre había fallecido. Acabamos encontrando una casa rosa de tres dormitorios al otro lado de las vías y nos mudamos a ella poco después. Me dejó decorarla como quería y recorrimos toda la zona comprando muebles nuevos. Poco después, compramos otro auto: un Chevy Camaro granate con todo. Un auto nuevo, una casa nueva (para mí) y muebles nuevos. ¿Qué más podía pedir una chica? Estaba en el cielo.

Y lo que era aún mejor, mi hermano Tony vivía cerca. También se había mudado a Vernon para volver a estar cerca de mí y trabajaba en un correccional de menores. Tenía su propia casa a unos ocho minutos de la nuestra.

Tony, ¡el más leal de todos!

Los hombres serán hombres

Aunque el humor de William mejoró un poco con la noticia de Janae, no volvió a conectar conmigo enseguida. Se quedaba fuera hasta tarde por la noche. No se comunicaba y tenía poca paciencia. La mayor parte del tiempo, me sentía como si solo estuviera allí, una persona más en la misma casa que él. Su teléfono también permanecía en silencio cuando estaba en casa. Empecé a sospechar que me engañaba, pero cuando se lo pregunté, lo negó.

En realidad ya no dormíamos juntos. También había dejado de ir a la iglesia conmigo. Le conté mis sospechas a un anciano de la iglesia. Le dije que creía que mi marido tenía una aventura. Su consejo: echarle aceite bendito en los zapatos y frotarle la espalda desnuda con el aceite cada vez que tuviéramos relaciones íntimas. Así lo hice. Supongo que se suponía que lo mantendría leal, pero hay cosas que Dios (o el aceite santo) no puede arreglar.

Poco después, fui a trabajar y mi amiga Toya me dijo que su hermana estaba embarazada y que el padre era mi marido. Se me cayó el alma a los pies. No me lo podía creer. Fui a ver a mi jefa y le dije que tenía que irme por una emergencia inesperada. Me dejó ir y salí corriendo de allí.

Como Vernon es un pueblo tan pequeño, solo tardé unos cinco minutos en llegar hasta él, pero esos cinco minutos me parecieron cinco horas. Con lágrimas en los ojos y tantos pensamientos pasándome por la cabeza, recuerdo que llamé a mi madre y le dije que estaba a punto de hacer las maletas y volver a casa. Mi intuición era cierta. Realmente estaba teniendo una aventura. ¿Por qué no podía ser con otra persona? ¿Por qué tenía que ser con la hermana de mi única amiga? No lo entendía. Sabía que mi vida era demasiado buena para ser cierta.

En cuanto llegué donde estaba trabajando, fue y me saludó.

—Hola, nena.

No había forma de calmarme. Inmediatamente empecé a gritarle.

—¿Cómo has podido hacerme esto? ¿Qué he hecho para merecer esto? Lo único que hago es ocuparme de ti y de los niños. Cocino, limpio, trabajo y voy a la iglesia.

En ese momento supo que yo lo sabía. Se le llenaron los ojos de lágrimas. Me abrazó fuerte.

—Lo siento mucho. Fue un error. Nunca quise hacerte daño.

Sabía que quería irme, pero me suplicó que me quedara. Esa noche, cuando llegamos a la casa, se podía oír hasta el caer de un alfiler. Las cosas estaban tan tensas que hasta los niños sabían que algo no estaba bien.

Intentamos hablar. Para mí, yo había sido la esposa perfecta, pero para él, yo no era la misma persona con la que se casó. Y yo lo entendía. Cuando nos conocimos, escuchábamos a Keith Sweat, SWV y otra buena música. Me maquillaba y me vestía de punta en blanco. Ahora, me vestía como una anciana. Sentía que no podía ir a ninguna parte porque temía ir al infierno si estaba en otro sitio que no fuera la iglesia.

Tenía que cuestionarme las cosas. ¿Sería culpa mía que William acabara en brazos de otra mujer? ¿O es que los hombres eran así y nos echaban la culpa a nosotras?

Mi papi, a pesar de todas sus buenas cualidades, le fue infiel a mi mamá.

Desde el principio de su matrimonio, vi a diferentes mujeres ir a casa cuando ella no estaba. Era igual que mi padre biológico en ese sentido.

¿Por qué mi madre dejó que eso pasara? Mirando hacia atrás, puedo suponer que pensó que era parte de su sacrificio por sus hijos y nietos. Estaba dispuesta a cambiar estabilidad por seguridad. La casa estaba limpia, preciosa, y a ninguno de nosotros nos faltaba comida ni artículos de primera necesidad. Mi papi nos cuidaba como si fuéramos sus propios hijos.

Así que pensé que engañar era normal. Aunque estaba enfadada y dolida, aunque quería irme, me quedé. Intenté creer que no volvería a ocurrir. No estoy segura de haberme convencido, pero la deslealtad parecía un tema constante en mi vida. Quizá las personas no necesitaban ser fieles para seguir teniendo amor entre ellas.

Del campo a la ciudad

Janae acabó llegando pronto. El día que nació, William era la persona más feliz del mundo y estaba más decidido que nunca a formar una familia. Habíamos superado la aventura. Empezamos a volver a ir a la iglesia en familia los domingos, martes y viernes. Los días que William trabajaba hasta tarde, yo iba sola con los niños. Teníamos una noche familiar y también salíamos a comer todas las semanas. Por fin la vida volvía a ser normal.

La hermana de Toya, que también trabajaba en el hospital como auxiliar de enfermería, tuvo un niño unos meses después de que yo tuviera a Janae. Me enteré que había comenzado su parto cuando estaba en el trabajo. Después de mi turno, bajé a la sala de maternidad y le pregunté sin rodeos:

—¿El bebé es de William?

Me miró fijamente durante unos segundos antes de responder lentamente:

—Esa pregunta se la tienes que hacer a él.

Inmediatamente se me hizo un nudo en el estómago porque en el fondo sabía que era su hijo a pesar de que él dijera que no lo era. Me fui a casa y llamé a mi madre. Pero ella no fue de mucha ayuda en esta situación. De hecho, la llamada solo me recordó, una vez más, que crecí viéndola volver una y otra vez con mi padre biológico y mi padrastro después de que las mujeres con las que habían tenido aventuras llamaran a su puerta. Ese fue el modelo que vi repetidamente mientras crecía, así que me dejé llevar y repetí el ciclo. Como si el adulterio fuera el único mandamiento que se pudiera romper sin repercusiones, si eres un hombre.

Una vez más, los seres humanos pueden acostumbrarse a muchas indignidades si tienen suficiente práctica. Por eso volví con mi primer marido, y por eso volví con el segundo cada vez que descubría que me engañaba. Y al menos mi segundo quería a mis hijos, incluida Shaniqua cuando la veíamos en nuestras visitas a casa, y también era un gran padre para Janae.

Al menos había eso.

Todos los militares son unos perros, repetía mi madre. Pero eso no significaba que el adulterio constante no me afectara. Mi ego recibió un golpe. Volví a los mismos viejos pensamientos que me atormentaban de adolescente y prisionera: *Debo de ser fea. Nadie me quiere. Soy mercancía dañada.*

William empezó a reforzar esta narrativa. Tal vez fuera su mala conciencia la que le hacía actuar así, no estoy segura, pero también empezó a decirme algunas palabrotas. No me golpeaba físicamente, pero las palabras pueden asestar un golpe igual de duro. "No vengo a casa porque lo único que haces es quejarte", me decía cuando le preguntaba por sus asuntos.

Yo quería entenderlo. ¿Era yo? ¿Cómo llegamos hasta aquí? Iba a la iglesia. Le era fiel. Hice todas las cosas que una esposa amorosa se supone que debe hacer. Cocinaba. Limpiaba. Estaba allí para ayudarlo a él y a sus hermanas. ¿Qué más quería de mí? Pensaba que era la persona perfecta para mí, un enviado de Dios, y saber que había vuelto a elegir mal, que había elegido a un vividor que no podía dejar de amar a las mujeres, no me hacía sentir bien. De hecho, pensé que todo el mundo me culpaba por ser estúpida y manejar mal mi relación.

Intentamos separarnos durante un tiempo. Pero entonces William llamó y dijo que quería que nos mudáramos con él a Dallas, donde podría ganarse mejor la vida y mantener a todos sus hijos. "Quiero a mi familia", dijo. "Empecemos de nuevo en esta nueva ciudad". Yo estaba dispuesta a intentarlo. Ya no soportaba vivir en la pequeña pecera de Vernon, donde todo el mundo conocía los asuntos de los demás y nuestro asunto era prácticamente de dominio público.

Así que nos mudamos a Dallas. Él se fue primero para establecerse. Mientras estaba allí, me hice amiga de la hermana del mejor amigo de William, Sabrina. Nos hicimos íntimas. Muy cercanas. Mi relación con Toya era tensa en ese momento, por no decir otra cosa, ya que Toya no quería meterse en medio de un triángulo amoroso, así que no tenía a nadie con quien hablar de ello. Sabrina escuchaba. Y tenía mucho que contarle. Pero empecé a sospechar que mi nueva mejor amiga también estaba quizás demasiado unida a mi caprichoso marido.

Finalmente nos reunimos con William en Dallas, en un apartamento de tres habitaciones en el suburbio de Duncanville. Conseguí un nuevo trabajo como experta en títulos de propiedad en la subasta de automóviles de Dallas, justo al final de la calle, y William trabajaba en William's Rent-a-Center como gerente. De nuevo, nadie me conocía ni conocía mi pasado. Empecé a ir a una iglesia diferente, todavía pentecostal, pero una congregación totalmente nueva.

Al principio, parecía como si empezáramos de nuevo. Las cosas iban bien. Nuestro apartamento era bonito. Vivíamos en las nubes.

Pero no tardé en volver a la Tierra. *Señor, aquí vamos de nuevo.*

Siempre había una serie de mujeres empeñadas en llamar la atención de William. Mi mejor amiga. Su jefa. Otras que llamaban a mi puerta en un extraño eco de la vida de mi madre. Me sentía un poco paranoica, y cuando me enfrentaba a las mujeres, todas me decían que estaba loca, pero no podía quitarme la duda ni la sospecha.

La que más me dolió fue Sabrina. Se suponía que era mi mejor amiga. La persona a la que le contaba todos mis secretos. La persona con la que me desahogaba sobre William. Y ahí estaban los dos, haciendo sus cosas a mis espaldas.

Cuando no podía contenerme y me enfrentaba a él, William llevaba la mezquindad de su ofensa a otro nivel.

—¿Quién te va a querer? —se burlaba. —Tienes cuatro hijos, y uno de ellos es discapacitada. Estuviste en la cárcel. No eres nada. Siempre serás nada. ¿Quién va a querer eso? —luego se iba a la habitación a ver la tele.

Como estaba abriendo viejas heridas, era muy fácil creerle. Como actuaba igual que mi papi, era demasiado fácil ver esta situación como algo recurrente por el resto de mi vida: yo y los niños en una habitación, él en la otra. A la única que le prestaba atención era a Janae.

Ya ni siquiera hacíamos nada juntos como familia los fines de semana. Él se quedaba en la habitación y dormía todo el día, y yo me iba a la iglesia. Estábamos atrapados en una espiral descendente. Al final, hasta William se dio cuenta.

—Puedes irte —dijo en un momento. —Pero no te llevarás a mi bebé —creo que Janae era su principal preocupación todo el tiempo, y la razón por la que había tratado de aguantar. Sabía que cumpliría su promesa de luchar con uñas y dientes por la custodia, aunque nos dejara fuera al resto.

La madre de William, a la que había estado muy unida, ya no estaba, y su hija era su mundo, una parte de su madre que había dejado atrás. Había nacido poco después de la muerte de su abuela, y él creía plenamente en el comentario de su abuela de que "cuando Dios quita, da". No quería volver a perder la última parte de su madre.

Mientras tanto, las mujeres seguían llamando a la puerta. William se volvió más distante. Y yo no podía soportarlo. Simplemente no podía soportarlo más, así que decidí mudarme.

Nos separamos de nuevo.

Jamasa

Mis hijos y yo nos quedamos en Dallas y nos mudamos con una amiga que había conocido en la iglesia a la que asistía. Ambos formábamos parte del equipo de alabanza y del coro. Jamasa fue una revelación. Era tres años mayor que yo y tenía tres hijos de edades parecidas a las mías. Yo iba a menudo a su casa para que los niños jugaran juntos. Doblaba las reglas a su antojo, al servicio de su propia confianza, y transmitía sus lecciones a su alumna más reciente.

—Eh, chica, maquíllate un poco. ¡No pasa nada! —me decía y me enseñaba a aplicármelo.

—Eh, chica, vamos a vestirte con pantalones —me decía riendo.

—Eh, chica, tienes que arreglarte ese cabello tan bonito —me peinaba, me sentaba y me acomodaba los rizos.

—Vamos a hacer algo —me animaba, intentando levantarme el ánimo. —Hagamos que vivas para ti.

—Hagamos que te digas afirmaciones personales —decía riendo.

—¿Afirmaciones? ¿Qué son las afirmaciones? —le preguntaba.

—¡Vamos, chica! Estoy a punto de enseñarte algunas cosas.

Fue entonces cuando aprendí a animarme a mí misma. Diciéndome a mí misma: *"Soy hermosa. Soy amable. Soy inteligente"*. Puedo tener lo que yo quiera. En otras palabras, no necesitaba un príncipe azul que me lo dijera o me lo proporcionara.

Ella me enseñó a empezar a quererme a mí misma. Pasábamos la mayor parte del tiempo juntas en su casa. Aunque ella estaba pasando por la misma situación que yo: su marido la había engañado y había tenido un hijo con otra mujer. Intentaba arreglar las cosas con él, pero aun así encontraba la manera de estar a mi lado y compartir sus cosas conmigo. Las dos acabamos dejando de centrarnos en nuestros maridos y lo dedicamos todo a criar a nuestros hijos. Los viernes por la noche los pasábamos en su casa aprendiendo a querernos y a ser fuertes.

Escuchábamos música laica, como Erykah Badu e India Arie, mientras preparábamos en su cocina comida para el alma. Bailábamos al ritmo de la música, bebíamos vino y hablábamos de cosas normales. Cosas sencillas. James (su marido) se limitaba a sacudir la cabeza y entrar en su sala de música. Definitivamente, no le molestaban nuestras tonterías.

Pronto empecé a creerme guapa, imparable y poderosa. Empecé a esforzarme más por mí misma y descubrí una vida a la que creía que podía acostumbrarme.

Con el tiempo, Jamasa abandonó por completo la iglesia y formó su propia relación personal con Dios, pero eso fue años después. A día de hoy seguimos más unidas que nunca. Los niños tampoco se han separado nunca, y se llaman primos cuando mantienen el contacto.

Por nuestra cuenta

Acabé mudándome a Grand Prairie. Me mudé sin nada más que nuestra ropa (por decisión propia). Para entonces mi hermano estaba de vuelta en El Paso. Le pedí que fuera a Dallas para ayudarme desde que William y yo decidimos separarnos. Como él es el cuidador de su hermana y ella necesitaba ayuda, él vino.

Encontré un trabajo con la compañía eléctrica y trabajé mucho tiempo para amoblar nuestra casa (sin la ayuda de un hombre). Y lo hice. Hice algo que nunca pensé que podría hacer.

Empezamos con un televisor y unas cuantas mantas, y nos sentábamos a dormir en el suelo de nuestro pequeño apartamento. Hubo una semana en la que no comimos más que alubias y huevos o fideos ramen. Las Navidades se retrasarían ese año hasta que llegara mi declaración de la renta. Pero teníamos tranquilidad. Nadie gritaba. Nadie estaba enfadado, triste o asustado. La paz interior y exterior no tenía precio. Fue entonces cuando comprendí la lección que no había entendido en mi juventud: el dinero no lo es todo.

Por fin teníamos nuestra propia casa.

Con el tiempo, pude añadir una silla aquí, una cama allá, compradas con descuento o alquiladas. Me enteré de los recursos disponibles para madres solteras y de que podía llevar a los niños al Boys and Girls Club después del colegio y a los programas de verano por menos de diez dólares al día.

Construí un santuario para nosotros, poco a poco, como yo quería. Y lo hice todo yo sola. Con el tiempo, nuestro santuario se convertiría en un imperio.

Era como si Dios me hubiera concedido superpoderes, y solo ahora me daba cuenta de que los tenía. Fue entonces cuando el nombre Monique dejó de encajar conmigo y empecé a llamarme por mi nombre de pila, Katrina.

Mi hermano vivió un tiempo en el piso con nosotros. Iba y venía, y mientras estaba allí, nos ayudaba. Era agradable estar el uno para el otro en circunstancias normales.

Empecé a creer en mí misma. A creer que podía hacer cualquier cosa. Demostré que el dicho era cierto: "Empezó a creer quién estaba destinada a ser, y el juego cambió".

Sin embargo, la atracción de William seguía siendo fuerte. Finalmente, decidimos vernos, ya que ambos nos echábamos de menos. Una vez más, las cosas iban de maravilla. Yo iba a su apartamento; él iba al mío. Nos propusimos salir juntos, tener citas familiares y volver a ir a la iglesia. Hablamos de todos los asuntos y decidimos que íbamos a empezar de nuevo. Cada uno tenía llaves del apartamento del otro, ya que empezábamos a recuperar la confianza.

Un día, cuando los niños salieron del colegio, los dejé con mi hermano y fui a casa de William. Encendí unas velas, puse algo de Erykah Badu y empecé a preparar la cena, una de sus favoritas (col frita, chuletas de cerdo asadas y arroz). Oí que llamaban a la puerta. Aún él no había llegado a casa, así que al principio no me atreví a abrir, pero lo terminé haciendo. ¿Por qué lo hice?

Por supuesto, había una mujer que buscaba a William porque no había respondido a sus llamadas. Me contó que llevaban meses saliendo, que estaba enamorada de él y que esperaba un hijo suyo. La miré y le dije: "Bueno, William y yo vamos a volver a estar juntos. Yo no me voy a ninguna parte". Empezó a llorar. No sabía qué más hacer, así que cerré la puerta y volví a cocinar.

Me sorprendió la conversación. Quedé aturdida. Así que decidí llamar a mi madre, como siempre. Me escuchó y dejó que me desahogara.

Quizá esperaba algo mejor para mí. O tal vez pensaba que tenía que creer en mí antes de que yo creyera en mí misma. Finalmente, me interrumpió y dijo:

—Mónica, ¿dónde está tu dignidad?

No pude responder.

—Nunca quise que vivieras así —continuó. —Que pasaras por lo que yo pasé. Nunca quise que pensaras que esto estaba bien —su voz se suavizó. —Eres mejor que esas mujeres. Eres más fuerte que yo. Vas a estar bien. No tienes que quedarte —sus últimas palabras fueron una súplica, casi una oración. —Por favor. Por favor, no seas como yo.

En ese momento sentí como algo se rompía dentro de mí. Las cadenas de una maldición generacional de la que ni siquiera había sido consciente hasta ese momento se rompieron y me dejaron sintiéndome más ligera. Más libre.

Ella tenía razón. ¡Tenía razón!

Esto no era normal. No debía hacer esto. Un leopardo no puede cambiar sus manchas, y esperar que yo lo hiciera era una locura.

Yo no era *así*. Y podía hacer algo diferente. Podía mantenerme a mí misma y a mis hijos por mi cuenta. Podría doler, pero me recuperaría. Esa noche, después de la conversación con mi madre, terminé de preparar la cena, limpié la casa, le escribí una carta y me fui por última vez. Por fin me había elegido a mí misma.

Cuando nos separamos, me fui solo con mi ropa, la de los niños y el Camaro. Allí estaba yo, empezando todo de nuevo, pero esta vez, todo lo que se construiría, lo construiría yo. Sin embargo, William mantuvo su palabra con mi papi y se aseguró de que estuviéramos bien financieramente.

Construyendo un imperio

Acabé pidiendo el divorcio. Llevábamos casados cinco años y el proceso de divorcio duró año y medio. Esta vez, le pagué a un abogado de verdad, y me costó algo más que fideos ramen y chocolatinas.

Incluso durante el proceso de divorcio, William y yo intentamos arreglar las cosas, pero no lo conseguíamos. Una de las razones es que la pregunta sobre la dignidad que me hizo mi madre no dejaba de escucharla en mi cabeza. Si él no me había amado lo suficiente como para serme fiel cuando estábamos juntos, no iba a suceder ahora. Por fin me había puesto los pantalones de niña grande y me había dado cuenta de que tenía que quererme más.

Luché por Janae, pero William no lo aceptó. Acabamos llegando a un acuerdo. Teníamos la custodia compartida, pero él era el único proveedor. No quería arriesgarme a sufrir de continuos recordatorios y recriminaciones de mi pasado, temiendo que lo echara en cara. No podía revivirlo todo de nuevo. Por lo tanto, no luché tanto, lo que a día de hoy es uno de mis mayores remordimientos.

Kenneth y Janae.

Seguí trabajando en mí y en construir una buena vida para mis hijos. No podía pagar una guardería, así que para pasar tiempo con ellos, me los quedaba por la noche. En nuestra nueva vida normal, Junior y Kenneth se comportaban como los típicos niños de siete y ocho años. Los tenía a los dos haciendo deporte, cosa que a Kenneth le encantaba, pero Junior prefería zapatear con mis tacones. Se llevaban bien, pero, como ocurre con la mayoría de los hermanos, se peleaban entre ellos y ensuciaban todo, por lo que a veces me enfadaba con ellos al llegar a casa después de un largo día de trabajo, con la cena y el entrenamiento de fútbol pendientes. Pero en general eran buenos chicos, carismáticos, y pasamos momentos muy divertidos.

Mi papi nos ayudaba un poco aquí y allá, pero para mi madre era importante que me las arreglara sola. Cosa que yo entendía.

Shaniqua seguía viviendo con mis padres. Hacía el largo viaje a casa una o dos veces al año, o mis padres me visitaban, y yo podía verla. La verdad es que no hice ningún esfuerzo especial por reunirme con mi hija cuando estábamos en Vernon y Dallas. No era porque me avergonzara de sus discapacidades, pero aún vivía bajo la idea de que nadie nos querría si una niña con necesidades especiales venía en el paquete. Y seguía pensando que era importante que alguien nos quisiera. Había encontrado una parte de mí misma, pero aún no había llegado hasta el final. Esa piel aún era nueva y tierna. Aún quería que me quisieran, no como hija o madre, sino solo por mí. Quería ser suficiente. Algunos pensarán que es un pensamiento egoísta u horrible, pero supongo que algunos no vivieron lo mismo que yo.

Después de mi divorcio, me centré únicamente en construir una vida para mí y mis hijos. No tuve citas. Probablemente era un poco tímida en ese momento.

Pero, al final, pensé: "¿Qué más da?"

Mi primer novio, cuando estuve lista, fue otro Kenneth. Un tipo grande que me quería a mí y a los niños. Pero iba demasiado rápido y me asustó. Técnicamente seguía casada, ya que el divorcio no era definitivo, y no me entusiasmaba la idea de estar cometiendo adulterio. Además, me habían practicado una histerectomía parcial mientras estaba con William, así que no podía darle más hijos a Kenneth aunque quisiera, y él no tenía ninguno propio. Puse fin a la relación antes de que empezara de verdad.

Quizá fue la primera vez que utilicé mi buen juicio para poner fin a una relación. Estaba un poco triste; era un buen tipo, pero no era el momento adecuado para los dos.

También cambié de confesión. Me di cuenta de que solo hay un Dios y de que la religión es solo religión. Y la religión a la que me había estado ciñendo era más estricta y exigente de lo que yo quería. La gente de esa iglesia era muy crítica y testaruda. Yo solo quería seguir la Biblia, no una interpretación particular de ella. Así que busqué iglesias cristianas no confesionales. Todavía quería mantener mi fe en Dios e ir a la iglesia, pero también quería decidir lo que me pondría y lo que escucharía. Vi al obispo Jakes predicando en televisión desde la Casa del Alfarero y me enteré de que su iglesia estaba en Dallas. "¿Sabes qué?", me dije. "Déjame ir a visitar esa iglesia".

Estaba un poco nerviosa al entrar por primera vez, pero había mujeres con pantalones, ¡incluso algunas personas en chándal! Y el lugar era enorme. Nadie se me acercó para preguntarme nada. El servicio solo duró dos horas, quizá tres, y lo que predicó no se parecía a nada de lo que hubiera escuchado en el pasado. Para empezar, su sermón fue positivo. Cada vez que escuchaba al Obispo Jakes predicar, se trataba de maneras de mejorar.

—Dios te va a dar la visión, pero tú también tienes que salir y trabajar por ella —era un tema común. —¿Qué vas a hacer para hacer realidad tus plegarias?

Esto era un giro total con respecto a lo que estaba acostumbrada.

—Dios te va a bendecir con una casa —me decían en la otra iglesia. ¿Cómo voy a conseguir esa casa? —Él te la dará si crees lo suficiente en Él. Si tienes fe y sigues estas reglas.

La cosa es que yo había probado ese tipo de fe, y no me había funcionado muy bien.

Con esta nueva iglesia, la atención se centraba en tus propias acciones, que era el mensaje y la orientación que yo necesitaba.

Nunca creí realmente en la terapia, que es algo sobre lo que mucha gente me pregunta cuando escucha mi historia. Y quizá se deba a que nunca formó parte de mi mundo mientras crecía. Nadie que yo conociera, que había pasado por experiencias similares, iba a terapia. Solo hablábamos con Dios y entre nosotros. Siempre pensé que Dios sería mi consejero, y que usaría sus palabras en la Biblia para guiarme sobre lo próximo que debía hacer y cómo crecer.

Mi gran lección, que culminó en ese momento, fue sencilla: si mi marido no podía mostrarme dignidad, tendría que reclamarla yo misma. Contra viento y marea, yo era dueña de mi vida.

Tal vez esa era la lección que Dios estaba tratando de enseñarme todo el tiempo.

El único camino para salir del desierto es el que uno mismo hace.

Ese fue el comienzo de mi transformación, cuando finalmente salí a la luz. Es gracioso porque ahora William y yo somos buenos amigos. Ha venido a casa a pasar las vacaciones con nosotros y hemos encontrado la manera de superar el dolor que nos causamos mutuamente. Sigo en contacto con sus hermanas, y cuando Cecil Mae vivía, seguía siendo una parte importante de mi vida. La vida es corta, y estoy agradecida de que ya no dejemos que nuestro pasado defina nuestro futuro.

Parte 4
Una nueva estación

Capítulo 10
Un tiempo para florecer

Mi transformación y divorcio coincidieron con la boda de mi hermano con la hermana de Jamasa en Desoto, Texas.

Tony nunca había abandonado su papel de protector, ni siquiera después de mi primer divorcio y mi salida de la cárcel. Cuando se alojaba conmigo en Grand Prairie, Jamasa fue un día con su hermana Lisa. Tony y Lisa se miraron a los ojos y unos meses más tarde se casaron. Fue una boda preciosa. Pero lo que la hizo especialmente encantadora fue el saxofonista de la banda, que, casualmente, también tocaba en The Potter's House, la gran iglesia de la que yo era ahora miembro, aunque entonces no conocía la conexión.

Allí estaba la novia de mi hermano, Lisa, con su precioso vestido. Fue uno de los momentos más importantes de la vida de mi hermano. Un sexy saxofonista vestido con un elegante traje le daba una serenata con el saxofón mientras caminaba hacia el altar. Jamasa me pilló mirándole y se echó a reír.

—¡Chica, mira para otro lado! No querrás salir con un músico.

Oh, pero podría salir con este.

Su advertencia era un poco contradictoria, ya que parte de la razón por la que el saxofonista estaba allí era para que pudieran liarlo con la otra hermana de Jamasa.

Por aquel entonces salía con Big Kenneth y lo había llevado a la boda. Podía ser una figura intimidante, por no decir otra cosa. Medía un metro ochenta, era moreno y muy corpulento (cuando no trabajaba, estaba en el gimnasio). También tenía a los niños conmigo en la boda. Más adelante me enteré de que el saxofonista había empezado a preguntar por mí, pero dejó de hacerlo cuando me vio dándole de comer a mi cita, tomando por sentado que yo estaba fuera del mercado (¿y qué músico de metro setenta quiere competir con un tipo que parece un defensa?) Era imposible que se me acercara.

Pero no pude mantenerme al margen. Me enteré de que Derrick, el saxofonista, estaba pasando por un divorcio, igual que yo. Intercambiamos números de teléfono y hablamos durante horas, riéndonos como si estuviéramos otra vez en el instituto. Decidimos reunirnos en un parque el día siguiente, y el día después, decidimos ir a cenar a Pappadeaux Seafood Kitchen. Pronto estábamos dando paseos a medianoche para ir a comer pescado en el sur de Dallas, cerca de Martin Luther King Boulevard, en un pequeño lugar llamado Catfish Smith. Iba a los partidos de mis hijos. Y por la noche, disfrutando en silencio de la compañía del otro, escuchábamos música durante horas. *"Sarah Smile"*, *"Hotel California"*, *"I'm Your Puppet"* y canciones de Rose Royce, Al Green y Marvin Gaye componían nuestra nostálgica lista de reproducción. Incluso algo de Garth Brooks y Reba McIntyre, populares en El Paso. Volver a escuchar esas canciones me hizo recordar mi infancia despreocupada, cuando escuchaba esa música con mi padre. Pero no solo me mantenía en mi pasado musical. A Derrick y a mí también nos encantaban los artistas contemporáneos, algunos de los cuales me había presentado Jamasa, como Erykah Badu, D. Angelo, India Aire y Maxwell.

La música parecía animarme a abrazar mi autoestima, a permitirme plenamente transformarme en la mujer fuerte e independiente que estaba destinada a ser. Todavía hoy, cuando escucho *"Tyrone"* de Erykah Badu, la letra me impacta. Entiendo más que la mayoría lo de estar cansada del té helado *Sugar Honey* de un hombre. O cuando India Arie afirma que todos debemos querernos a nosotros mismos, con las piernas afeitadas o sin afeitar, con el cabello peinado o sin peinar, y todo lo demás. Esas canciones formaron parte de la banda sonora que me ayudó a encontrarme a mí misma, afirmando continuamente el mensaje: "Eres buena. No tienes que aguantar las cosas de nadie. Vas a estar bien. No te preocupes por estar a la altura de los demás. Si te sientes bien, hazlo tú misma".

Y ahí estaba Derrick en medio de todo. Era una conexión verdadera, una amistad construida desde la alegría en lugar del deber o la adulación o la necesidad de estabilidad. Tenía unos ingresos estables y decentes. Acababa de comprarme un Mitsubishi Galant blanco perla de 2002. Yo era mi propia persona, y él era la suya, y eso era todo lo que queríamos el uno del otro: nuestro verdadero yo. También era perfecto con los niños. Los llevaba a cortarse el cabello y los recogía del programa extraescolar si yo no podía. Los llevaba a los entrenamientos. Era perfecto.

Pero me daba un poco de miedo lo perfecto. Salimos de forma intermitente durante dos años y medio, danzando el uno alrededor del otro y tratando cada uno de reconciliar nuestras antiguas relaciones. Ambos intentábamos volver a nuestras relaciones anteriores, solo para encontrar allí los mismos problemas que habían desencadenado el divorcio en primer lugar. Habíamos roto varias veces y vuelto a estar juntos, pero la última vez que rompimos, decidí seguir adelante. Acabé conociendo a un chico llamado Sean. Medía 1.80, calvo y con perilla. Tenía un poco de barriga, pero seguía siendo bastante musculoso. Conducía un todoterreno y tenía su propia casa. Era otro que no tenía hijos. Era increíble con los niños y tenía un gran trabajo. Habíamos hablado de casarnos, pero yo dudaba porque no podía tener hijos y él aún no había conocido a Shaniqua. Le expresé mi preocupación, pero no le importó. Sean y yo estuvimos juntos al menos seis meses. Entonces un día, mientras Sean estaba en el trabajo, Derrick apareció en mi casa.

Yo abrí la puerta. No me di cuenta de cuánto lo había extrañado hasta que lo vi de nuevo. Me entraron mariposas en el estómago. Abrió su dulce boca, y las primeras palabras que salieron fueron: "Te he echado mucho de menos".

Yo también le echaba de menos. Sin embargo, para ese entonces yo ya había pasado de página. Me preguntó si podía entrar; se lo permití. Retomamos la conversación donde la habíamos dejado. Al día siguiente, después de darme cuenta de que nunca había superado lo de Derrick, fui a casa de Sean para romper con él. No lo entendió y se negó a que acabara sin luchar. Expresó su amor por mí y por los niños, y dijo que no iba a dejarme ir tan fácilmente, pero yo ya estaba decidida. Era un buen hombre. A decir verdad, cualquier mujer tendría suerte de tenerlo. Yo no podía seguir. Así que me fui y nunca miré atrás. Sin saber qué nos deparaba el futuro a Derrick y a mí, decidí seguir la corriente.

Cuando decidimos volver a estar juntos, ambos nos preguntamos por qué perdíamos el tiempo. Si realmente queríamos estar juntos, ¿por qué no hacerlo oficial?

Una de las respuestas era que me costaba confiar en la situación. Parecía demasiado buena para ser cierta. Parecía demasiado perfecta. Eso lo comprobé con mi madre y mi papi. Les encantaba Derrick. Les encantaba cómo quería a mis hijos. A todos mis hijos.

Pero entonces Derrick dijo algo que me hizo cuestionar las cosas aún más. Mientras hablábamos y tomábamos la decisión de convertirnos en una familia, dijo:

—Necesitas a tu hija.

¿Qué? Era difícil confiar en eso. Me preocupaba que cambiara de opinión y se fuera después de enterarse de todo el compromiso adicional que implicaba Shaniqua, que seguía viviendo con mis padres en El Paso. Sí, la quería conmigo. Pero sabía que si volvía a quedarme sola, no podría proporcionarle la misma calidad de vida que mis padres. ¿Quería arriesgarme a alterar tanto su vida?

—¿Y tu música? —le pregunté, poniendo a prueba su determinación, algo que nunca había tenido el valor de hacer con ningún hombre. —Eres muy conocido. ¿Cómo te sientes al respecto? ¿De verdad?

Se puso serio.

—Cuando me case contigo... —afirmó. —...Me casaré con todos tus hijos. Con todos ellos. Se convierten en míos, sin importar sus necesidades.

Me invadió una sensación de alivio, una emoción que ni siquiera sabía que estaba esperando expresar, como si hubiera estado conteniendo la respiración durante años y por fin la hubiera soltado. Eso hizo que me enamorara aún más de Derrick, si es que eso era posible. Me quitó las dudas en las que me había envuelto desde mi primer y segundo divorcio.

Junior, sin embargo, con solo nueve años, todavía cuestionaba el compromiso de Derrick. Al principio se mostró distante, tal vez porque no confiaba en Derrick después de nuestra relación intermitente. Sin embargo, su hermano Kenneth abogó por él y Derrick fue creando poco a poco un vínculo con todos ellos. Cuando nos casamos, ya le llamaban papá.

La reticencia de Junior puede deberse a otro motivo. Ya era mayor, pero seguía sintiéndose más cómodo con tacones que con una camiseta de fútbol. Cada vez era más difícil explicarlo como una fase o creer que "maduraría". Puede que mis creencias religiosas se hubieran ampliado para ese entonces e incluyeran los pantalones y la música secular, pero seguía creyendo, junto con la Iglesia, que la homosexualidad era una abominación. Que no era lo que Dios quería. Y Derrick, también miembro de la misma iglesia, creía lo mismo. Más tarde llegaría a aceptar a Junior por lo que era, pero eso fue muy lejos en el futuro.

Al poco tiempo, todos supimos que Derrick era exactamente quien decía ser. Incluso asistimos a la terapia prematrimonial que ofrecía la iglesia, ya que para ese entonces yo estaba más dispuesta a hablar de las heridas del pasado, sobre todo a instancias de Derrick. Había mucho que sanar, tanto yo como nosotros, al salir de nuestras relaciones anteriores. Puede que fuéramos amigos, pero los problemas de confianza nos habían llevado a una relación intermitente, y no queríamos seguir repitiéndola después de casarnos.

La terapia me ayudó a confiar en que Derrick era sincero cuando decía que quería a mis hijos como si fueran suyos. Después de todas las promesas rotas y los abusos de mis matrimonios anteriores, me costaba aceptar que me quisieran como madre soltera con cuatro hijos, sobre todo porque uno de ellos tenía problemas emocionales y de sexualidad, y otro tenía discapacidades que requerían cuidados las 24 horas del día. Sería maravilloso que los libros de cuentos sobre la plena aceptación de una familia imperfecta y preparada fueran ciertos la mayoría de las veces, pero me di cuenta de que rara era la pareja que quería el paquete completo, con todas sus verrugas.

Había sobrevivido a mi infancia. Había sobrevivido a todo tipo de abusos y al desierto al que me había arrojado mi tolerancia a los abusos. Había sobrevivido a la OPP (Prisión Parroquial de Orleans) y a la libertad condicional. Había recuperado a mis hijos. Me había ganado una vida independiente y había aprendido a defenderme. Había encontrado una iglesia y un hombre que me apoyaban más. ¿Por qué seguir esclavizada por una vieja y explotadora idea del amor? Había sobrevivido a todo para llegar hasta aquí; tenía que haber una razón para ello. ¿No merecía yo también saber cómo se sentía el amor verdadero y sano?

¿No merece el pecador la redención? ¿Una tercera oportunidad para hacerlo bien?

Finalmente, en este momento de mi vida, creía que sí.

La tercera es la vencida

Derrick era padre de dos niñas. Por aquel entonces, las había llevado a casa para que pudiéramos empezar a unir nuestras familias. Todos los niños se llevaban como si se conocieran desde el primer día. Nuestros fines de semana consistían en partidos de fútbol e ir a la iglesia. Después de la iglesia, siempre salíamos a comer afuera. Finalmente, pidió mi mano a mis padres y ellos le dieron su bendición. Poco después empezó la planificación de la boda. Mi tercera boda fue enorme. Fue una boda de cuento de hadas, y esta vez mi príncipe no se convertiría en un lobo feroz. Nos habíamos visto tal como éramos antes de comprometernos y habíamos hecho el trabajo con tiempo y asesoramiento, y teníamos los ojos bien abiertos a la realidad.

Nos casamos en Top of the Cliff, un rascacielos a las afueras del centro de Dallas desde el que se divisa el horizonte de la ciudad. Tuvimos un gran pastel, camareros, un DJ, una banda y cantantes. Estuvieron mis hijos y toda mi familia de El Paso. Los padrinos y testigos de Derrick fueron su hermano, mi hermano, su mejor amigo, otro de sus amigos y, por supuesto, los chicos. Por muy gracioso que fuera, la madre del primer hijo de mi nuevo marido, Cressy, fue mi dama de honor. Mis asistentes se completaron con Shaniqua; mi vecina de al lado, Roseio, que vivía en los apartamentos de Fox Chase conmigo; Florence, una buena amiga que era una AKA y siempre me decía: "Puedes hacer lo que quieras"; y otra persona cuyo nombre ahora se me escapa (siempre les decía a mis hijos que las bodas son para otras personas, lo que significa que habrá al menos unas cuantas personas en una gran fiesta de boda con las que apenas hablarás después). DK (la hija de Derrick) y Janae fueron mis niñas de las flores, por supuesto.

Derrick tocó el saxofón mientras yo caminaba hacia el altar del brazo de mi madre, que me entregó.

Era todo lo que queríamos que fuera, no la idealizada boda de princesa de una adolescente, ni la rápida escapada de una mujer que aceptaba lo que podía conseguir. Fue una boda adulta, una boda digna de una reina.

Pasamos la luna de miel en San Antonio, una primicia para mí. Nos alojamos en un hotel del River Walk y bebimos las famosas margaritas de la ciudad. Texas es conocida por sus margaritas, que están por todas partes, pero estas eran de categoría. Mezcla agria casera y todo. Estábamos en el paraíso.

Cuando volvimos a Dallas, empezamos a buscar una casa bonita para alquilar que pudiera albergarnos a todos, incluida Shaniqua, de siete años, y su abuela niñera, Soco, que no se separaría de ella. A estas alturas, hacía tiempo que los servicios de protección de menores habían desaparecido de mi vida y mis padres se habían hecho cargo de ella de manera informal. Shaniqua ya era lo bastante mayor y comunicativa como para expresar que estaba preparada y emocionada por mudarse a una casa con su madre, sus hermanos y su nuevo padre. Fue difícil para mis padres, sobre todo para mi papi, porque no quería que se fuera, pero comprendió que su lugar estaba con su madre y sus hermanos.

Encontramos una bonita casa de dos plantas, cuatro dormitorios y dos baños en medio del área metropolitana de Dallas-Fort Worth. La vida era felizmente normal. Casi había olvidado cómo era. Soco cocinaba y limpiaba junto con sus tareas de apoyo a Shaniqua. Era como la Alicia de nuestra Tribu Brady. Así que, después del trabajo, lo único que tenía que hacer era llevar a los niños al entrenamiento de fútbol, bañarlos y hacer los deberes, y pasar tiempo con Shaniqua por la tarde, cuando Soco estaba fuera viendo sus novelas (telenovelas). Veíamos películas y hablábamos sobre cómo nos había ido en el día, una actividad que era nueva para mí. Alguien se interesaba por mi día. Y los domingos por la mañana íbamos a la iglesia.

Yo seguía en la compañía eléctrica, pero me pasé a Aetna porque estaba más cerca de casa y trabajaba en su centro de llamadas, justo al final de la calle.

Podríamos habernos instalado y convertido en otra familia que vive el típico sueño americano con una vida normal. Al fin y al cabo, éramos felices. Pero ocurre algo curioso cuando empiezas a descubrir lo que vales por ti misma: empiezas a aprender a soñar más en grande, a querer alcanzar nuevas cosas. Confías en que puedes seguir creciendo por el buen camino. Al final, acabamos construyendo una casa de dos plantas, pero nos quedamos en los suburbios de Dallas. Pude elegir hasta el último detalle, cosa que me encantó. Compramos un nuevo Cadillac CTS negro y un Ford Expedition. La vida era estupenda. Mientras se construía nuestra casa, acabamos comprando los muebles a plazos para poder pagarlos mensualmente y, una vez terminada la casa, no solo nos mudamos a una casa nueva, sino que también teníamos muebles nuevos en todas las habitaciones. Los niños no se quedaron sin nada, y en ese momento éramos una gran familia feliz. Empezamos a viajar y a hacer cosas que yo había visto en la tele. Nos llevamos a todos los niños a un crucero, ¡y el resto es historia! Podría acostumbrarme a eso. Al menos dos veces al año, volvíamos a casa en auto para que mis padres pudieran ver a los niños y para que yo pudiera volver a casa. Acabé consiguiendo un ascenso en Aetna, pero seguía sin estar contenta. Sentía que me faltaba algo, y también que había algo más en esta cosa llamada vida.

Tiene que haber algo más

Mi nueva iglesia abrió el camino a nuevas posibilidades. Hacía tiempo que había abandonado la simple idea de que la fe era todo lo que se necesitaba para tener una buena vida. Todavía tenía fe en Dios, pero seguía trabajando para desarrollar la fe en mí. Quería un trabajo mejor pagado, pero con una GED como mi nivel educativo más alto, no creía que pudiera conseguir algo mejor.

Sin embargo, en los sermones que escuchaba ahora había nuevas preguntas que me impulsaban a desarrollar una nueva perspectiva. *¿Quién dice que no eres suficiente? ¿Quién dice que no puedes volver a estudiar? ¿Por qué dudas de ti misma?*

Mis dudas sobre mí misma eran un vestigio de mis relaciones anteriores, a las que había dado demasiada credibilidad. La Biblia dice que ames a tu esposa como Cristo amó a la Iglesia. Cristo no golpeó a la Iglesia ni le dijo locuras. No le dijo: "Tú no eres esto" o "Tú no eres aquello". No, Cristo fue más que un conquistador; él dio su vida por la iglesia. Eso fue amor verdadero.

La Biblia dice que hagamos todas las cosas buenas. Dice que soy suficiente porque así es como Dios me hizo. Temerosa y maravillosamente hecha. Y como una de las maravillas de Dios, no iba a ser una estadística pasiva; tenía que poner empeño.

Tenía que dar pasos por mí misma, bajo mi propio poder, para llegar a donde quería estar.

Mirando a mí alrededor, me di cuenta de que contaba con el apoyo no solo de Dios, sino de muchos. Derrick era uno de mis mayores apoyos. Mi madre, por supuesto, me había animado desde que dejé el instituto. Ellos sembraron la semilla de la universidad, algo que, como adulta y desertora de noveno grado con una GED, pensé que estaba más allá de mi capacidad. Ellos sabían que no era así.

La iglesia había sacado un programa llamado *"God's Leading Ladies"*, creado para sacar lo mejor de cada una de las participantes. El plan de estudios se centraba en las mujeres, para enseñarles a ser líderes en sus comunidades. Allí fue donde conocí a Christy, una mujer caucásica, joven, de ojos azules y guapísima. Lo tenía todo. Éramos compañeras de estudio en GLL. Y después de ver de lo que era capaz, me empujó a volver a estudiar. "Podrías ser mucho más", me decía. "Te veo volviendo a la escuela. ¿Por qué no lo haces?"

Cuando tus padres y tu marido te animan, es normal. Pero cuando un desconocido ve algo positivo en ti, que cree que no has terminado de vivir y que tienes más que ofrecer al mundo, eso es algo totalmente distinto.

Al final, pensé: *"Si no vuelvo a la escuela ahora, ¿cuándo será el momento perfecto para hacer algo?"*

Mientras tanto, Soco enfermó. La llevamos al hospital de Parkland, donde los médicos le diagnosticaron neumonía y dijeron que tenía pocas posibilidades de recuperarse. Soco nos pidió que la lleváramos de vuelta a su tierra natal para que pudiera fallecer allí. Así lo hicimos, y Soco falleció pocos meses después. Dos años después, la hija mayor de Derrick fue a vivir con nosotros. En resumen, tenía una casa muy llena que necesitaba mucha atención.

Pero estos nuevos retos no me disuadirían del camino que había emprendido.

Me matriculé en la Universidad Northwood, una escuela local que tenía sentido con mi horario de adulto a tiempo completo con trabajo y familia. Podía tomar clases por la noche, con algunas clases adicionales los sábados que duraban todo el día. Después de acostar a mis hijos y de que mi marido se durmiera, en un extraño eco de mi madre, me quedaba despierta hasta medianoche estudiando y haciendo los deberes. Fue una temporada de sacrificios en mi vida para completar mi educación, pero sabía lo que me esperaba al otro lado.

Conocí a nuevos ángeles en la escuela. Katrina empezó su propia travesía educativa al mismo tiempo que yo. Obtuvimos juntas nuestra licenciatura en administración de empresas, un título que podría utilizar prácticamente en cualquier parte.

Entonces ocurrió mi graduación. De todos los cuentos de hadas que me había tejido a lo largo de los años, este parecía el más fantástico. No me lo podía creer. Allí estaba yo, una estudiante de noveno grado que había abandonado los estudios por un delito grave y a la que le habían dicho una y otra vez que era una estadística andante, ahora caminando por un escenario, con toga y birrete, para estrechar la mano de la élite de la universidad y obtener su título. Lo había conseguido. De verdad. Podía demostrarles a mis hijos que se podía triunfar, a pesar de las adversidades.

Le di el diploma a mi madre. Todo lo que había querido que hiciera desde que nací era ir a la escuela y recibir la educación que se le había negado al principio. Eso era todo lo que siempre quiso para mí. Acabé pareciéndome a ella más de lo que había imaginado, sobre todo cuando era una adolescente rebelde, pero su fe en mí por fin había valido la pena. Cuando bajé del escenario, me alegró entregarle el trozo de papel que representaba mi título delante de la familia, que había asistido a mi momento de triunfo.

—Toma, mamá —le dije. —Esto es tuyo.

En ese momento, supe que todo era posible para mí si lo creía.

Me organicé la mayor fiesta de graduación de mi vida. Alquilé un restaurante, hice que tocara una banda y les pedí que cantaran la canción góspel de Marvin Sapp *"Never Would Have Made It"*. Estuvimos de fiesta hasta que se encendieron las luces para cerrar.

El sueño se hace realidad

Después de graduarme en 2010, Christy se abalanzó sobre mí. Ahora es la directora ejecutiva del Integrity Transitional Hospital, un importante hospital del norte de Texas, y me estaba esperando.

—Bueno, estás lista —me dijo. —Prepara tu currículum para que puedas venir a trabajar para mí como médico de enlace —ella conocía mi historial delictivo y no le importaba. Como directora general, tenía el poder de ignorar esa casilla.

Me dio un trabajo ganando la mayor cantidad de dinero que había generado en mi vida. Era un sueldo increíble, ¡más beneficios! Otro sueño se había hecho realidad. No, un sueño que ni siquiera había flotado en mi imaginación más salvaje se hizo realidad: después de perseguir la estabilidad financiera a través de otros durante toda mi vida, ahora era yo quien pavimentaría las calles con oro.

Aun así, no había terminado. Había saboreado la cima y sabía que podía llegar más alto. Sentía que necesitaba más. Así que llamé a Katrina y volvimos a estudiar un máster en Negocios en la Texas Women's University en 2012. Allí conocimos a nuestra tercera compañera de fechorías en lo que a educación se refiere: Chocka. ¡Las largas noches, las lágrimas y el sacrificio valieron la pena! ¡Lo conseguimos!

Una cosa más. Años más tarde, entrenaba en el gimnasio y conocí a unas señoras a través de mi entrenador. Hacíamos ejercicio juntos tres o cuatro días a la semana a las cinco de la mañana. Después de dos años de relación, tuvimos una conversación, precisamente en la cinta de correr. Fue entonces cuando una de ellas me dijo que pertenecía a una hermandad. Cuando le pregunté en cuál: "Hermandad Alpha Kappa Alpha", soltó despreocupadamente de sus labios.

—Oh —dije, con la misma indiferencia. —Siempre he querido ser miembro de la AKA.

Me preguntó qué me impedía serlo y le dije que no sabía ni por dónde empezar. Poco después, empezó a seguir mis progresos. Me dijo que su sección estaba a punto de abrir una línea y que debía solicitar el ingreso. Me quedé con la boca abierta. Habían pasado más de veinticinco años desde mi incidente en Luisiana. Antes de que me diera cuenta, tenía un padrino que escribía una carta en mi nombre para proponerme a la sección de graduados.

No sé qué fue más dulce: obtener mi maestría o que me invitaran a ser AKA después de recibirla.

Todo lo que aquel hombre dijo que no podía hacer, todo lo que aquel juez de Luisiana dijo que no podía conseguir, ahora lo tenía.

Incluso me compré el auto de mis sueños, un Range Rover. Lo compré y conduje ese todoterreno directamente desde el concesionario.

Katrina por fin ha llegado. Katrina se siente muy agradecida. Katrina no se lo puede creer, y a veces siente que vive en un sueño, pero está aquí, y es real. Aunque me quiten la alfombra de debajo de los pies, como tantas otras veces, lo veré como lo que es: la estación en la que estoy llamada a vivir. Cualquiera que sea la estación, traiga sol, lluvia o tormenta. Hay un tiempo para cada propósito bajo el cielo.

En esas estaciones, aprendí a valorarme a mí misma, no a dejar que otros definieran mi valor. Eso hizo que las fichas de dominó cayeran a mi favor. Las cosas buenas vinieron a mí porque finalmente pensé que yo valía las cosas buenas. Ahora sabía que podía conseguirlas por mí misma, y podía concentrarme en las características que quería en compañeros, amigos y empleos. Ahora podía reconocer lo que era verdaderamente importante para la felicidad.

Al no necesitar, conseguí lo que quería. Por fin, el sueño se hizo realidad.

Capítulo 11
Hacer las paces con nuestras historias

Tengo que retroceder un poco hasta una época en la que mi primer hijo, Junior, no paraba de darme disgustos. Empezó poco después de cumplir once años. En el calor de las discusiones, escupía los motivos de su rebeldía:

—Te lo hago pasar mal porque quiero saber quién es mi verdadero padre. ¿Dónde está mi padre? Kenneth y yo vamos al colegio y todos piensan que somos unos bastardos porque no conocemos a nuestro verdadero padre.

Sus palabras me molestaron. Mucho.

Así que contraté a un detective privado para encontrar a Horace. Después del divorcio, había cortado todo contacto con nosotros. Y aunque a otros les cueste entenderlo, a pesar de los abusos del pasado, Junior seguía queriendo una relación con su padre biológico. Los viejos traumas habían pasado hacía casi una década y estaban borrosos en su mente. Ahora lo único que sentía era el vacío de su verdadero padre.

El detective encontró a Horace en Baton Rouge, Luisiana. Primero hablamos por teléfono. Tenía los nervios a flor de piel, pero aguanté la conversación. Fui a verle, a hablarle de su hijo. Estaba nerviosa. Asustada. Claro que lo estaría. La última vez que había visto a Horace fue cuando nos cruzamos en el juzgado. Me enfrentaba al monstruo que me arrebató la vida durante más de un año y que casi mata a mi hija. Recé a Dios para que me diera la fuerza de hacer eso por mi hijo. Todavía tenía fe en que la gente podía cambiar. Después de todo, yo había cambiado tanto que no me sentía con derecho a juzgar pecados pasados. Le daría una oportunidad.

Nos fuimos: Derrick, los chicos y yo. Horace nos saludó calurosamente con abrazos por todas partes y actuó como si nada malo hubiese ocurrido.

—Esto es todo lo que quiero; echo de menos a mi familia —dijo. —¿Crees que podremos volver a estar juntos?

Puede que sea indulgente, pero no estoy loca.

—Eso nunca sucederá —dije con firmeza. —Estoy aquí por los niños, para que conozcan a toda su familia —y esa era una gran parte de mi razón para ir. Los niños no habían visto a ninguno de los parientes del lado de su padre en años. Los padres de Horace estaban allí con Horace ese día, así como su extensa familia de Nueva Orleans, haciendo de la visita una pequeña reunión familiar. Y me alegré de que los chicos conocieran sus raíces por ese lado y llenaran el vacío de su ascendencia, puesto que ya no se acordaban de Nueva Orleans ni de su padre. No les había ocultado nada y les había contado en términos sencillos lo que su padre les había hecho cuando eran bebés, pero ese abuso era solo un concepto abstracto para un niño de diez y once años.

Esa primera vez no me llevé a Shaniqua. Horace pidió verla. La última vez que la había visto, estaba con respiración asistida en un hospital. Ese recuerdo para mí todavía estaba crudo. Pasé meses agonizando después de que me pidiera verla. Finalmente, decidí que si Dios me había dado otra oportunidad con mis hijos, tal vez le estaba dando esa misma oportunidad a Horace. Mis padres estaban en contra, pero respetaron mi decisión, y dejé que Horace conociera a su hija. Aun así fue una reunión cautelosa. Estuve allí todo el tiempo. Al contrario que con los chicos, Shaniqua no sabía lo que su padre biológico le había hecho. No sabía que su estado era el resultado de su comportamiento, y para ella, su padre era Derrick.

Horace y su familia la abrazaron cuando la vieron, ahora una niña de nueve años. "¡Es tan hermosa!", dijeron. Y tenían razón. Su cuerpecito, ya curado, dejaba entrever lo hermosa que sería de adulta, lo que, por supuesto, permitía a todos ignorar lo que le habían hecho a su capacidad de usar ese cuerpo y lo que le habían hecho a su mente.

Horace la abrazó con fuerza la primera vez que la vio, y lloró. Shaniqua, por su parte, no hizo nada. No tenía ni idea de quién era aquel hombre ni de cómo había contribuido a su vida. Horace era un extraño para ella. En su mente, los hombres que la criaron, su abuelo, su tío y Derrick, eran los más importantes para ella. Conocía la palabra *padre* y sabía que ella y sus hermanos compartían el mismo, pero la palabra no tenía mucho significado para ella cuando se trataba del hombre que compartía su ADN.

A lo largo de mi historia, no he hablado mucho de Shaniqua. En parte por lo doloroso de su historia, y en parte porque vivió gran parte de su infancia en otros hogares. Pero una de las grandes lecciones que aprendí de ella fue a no rendirme y a no aceptar la narrativa de los demás. Después de curarse de sus heridas y de que los médicos determinaran su grado de parálisis cerebral: que nunca podría volver a andar y que nunca se comunicaría con claridad, algunos podrían haber aceptado ese destino como parte del castigo de Dios. Pero yo no pude. Mi familia y yo no pudimos. Cuando la llevamos a casa, la sacamos de su diminuta silla de ruedas hecha para una niña de tres años y la apoyamos mientras la paseábamos por la habitación con sus aparatos ortopédicos. Tardó años en poder moverse sola.

Kenneth nunca se encariñó con Horace después de aquel primer reencuentro, pero Junior seguía sintiendo el deseo de tener una relación con su verdadero padre. Como yo había hecho en mi juventud, Junior se rebeló hasta que se salió con la suya. Permití que Junior se fuera a vivir con Horace durante un tiempo, unos tres meses después de aquel primer encuentro.

Fue una de las peores decisiones que he tomado.

Horace, al entender lo que hacía a Junior diferente, castigó al chico por ello, como yo descubriría más tarde. "Yo no crie a un marica", le gritaba a Junior, y trataba de sacárselo a golpes. Acabó tratando a Junior tan horriblemente durante su estancia allí que tuvo un colapso mental.

Horace lo internó en un centro de salud mental donde le diagnosticaron bipolaridad y esquizofrenia y lo trataron con fármacos psiquiátricos. Cuando me enteré, me enfurecí. Junior no tenía esos problemas conmigo. Seguía siendo un niño. Pero las autoridades no me permitían verle porque el tribunal había ordenado un "tratamiento" para él. Cuando por fin pude sacarlo, era un zombi, con un cóctel de medicamentos. Ya no sabía quién era mi hijo. Y el tribunal no me dejaba llevarlo de vuelta a Dallas. Todo esto a solo meses de volver a encontrar a Horace.

Todo para que volviera a aprender la dura lección: los leopardos no pueden borrar sus manchas, y algunos monstruos son solo monstruos.

Un final

En 2007, dos años después de encontrar a Horace, cuando aún trabajaba para Aetna, recibí una llamada de la Seguridad Social.

—Horace ha declarado como suyos a estos tres hijos —me dijo la operadora, diciendo los nombres de los niños. —¿Es correcto?

—Sí —respondí, desconcertada, ya que hasta ese momento no había recibido ni un céntimo de manutención.

—Le han aprobado la incapacidad —continuó la operadora. —Y como tiene que pagar la manutención, aquí tiene la cantidad mensual que le corresponde de esa pensión de incapacidad para sus hijos.

Me gustaría pensar que, en su lecho de muerte, Horace intentaba hacer algo bien escribiendo el nombre de sus hijos en su solicitud de incapacidad. Sé que a veces un monstruo es solo un monstruo, pero quiero creer que mi yo joven vio algo digno de amor en él hace tantos años.

Horace nunca se responsabilizó específicamente de sus actos. Sin embargo, se disculpó por todo y dijo que nunca había vuelto a ser el mismo después de perder a su primera familia. Había seguido adelante después del divorcio y tenía otro hijo llamado Dominique que era igual que sus hermanos. Encontramos a ese hermano a través de un primo, y todos los hermanos pudimos conocerlo después del funeral de Horace.

Seis meses después de que la Seguridad Social me llamara, recibí otra llamada. Era de su madre. Horace no estaba muy bien. Había ignorado su diabetes y algunas partes de su cuerpo tenían gangrena. Me enteré por su madre porque dejé de comunicarme con él después del problema con Junior.

Le dije a su madre que oraríamos y que hablaría con los niños para ver si querían verlo, aunque no creía que quisieran. Cumplí mi palabra y les ofrecí a los niños la oportunidad de verle. Ya estaban bien sin él, después de haberlo conocido de cerca. Habíamos terminado. Estaba en paz con eso. Había hecho todo lo que sentía que tenía que hacer. Y en este punto, Derrick era papá.

No mucho después de eso, Lorraine llamó de nuevo, llorando esta vez. ¡Horace estaba muerto! Quería que enviara a los chicos a Baton Rouge para ayudarla a procesar la muerte de su hijo.

—Les avisaré y veré si quieren ir —le dije.

—No, no lo entiendes —se lamentó. —No puedo hacer nada. No puedo elegir las flores. No puedo elegir el ataúd. No puedo escribir el obituario. Los chicos son lo único que tengo ahora —Horace era su único hijo y deseaba desesperadamente volver a ver un pedacito de él. Su amor de madre me derritió, por muy mal que esté el vástago, el amor de una madre es puro y le dije que haría lo que pudiera.

Derrick y yo sentamos a los niños y les dijimos que su padre había muerto. Les preguntamos si querían ir al funeral. Dijeron que sí, así que averiguamos los detalles de cuándo y dónde y nos dirigimos a Baton Rouge, Luisiana.

Lorraine no había mentido. No se había hecho ninguna esquela. No se había elegido ataúd. No se habían elegido fotos para el funeral. Todo estaba en el aire. Así que Derrick y yo pasamos las siguientes cuarenta y ocho horas tomando las decisiones finales que enterrarían a mi primer marido y rendirían homenaje a su muerte. No se me escapa la ironía de todo eso.

Antes del funeral, Lorraine nos pidió a Derrick y a mí que nos sentáramos atrás para no faltarle al respeto a la familia.

—Por supuesto —respondí. —Con mucho gusto. De todos modos, yo no hago funerales.

A petición suya, los niños viajaron en la limusina hasta la iglesia con la familia de Horace, pero los tres se negaron a salir del coche sin Derrick. "¡Preguntan por su padre!", nos dijo un pariente frenético por el teléfono móvil. Fuimos a la limusina a buscar a los niños. No estoy segura de lo que pasó allí dentro, pero Junior estaba con la mirada perdida en sus propios pensamientos. Shaniqua se aferraba a Derrick como un salvavidas. Pero Kenneth, una vez que nos vio, fue capaz de poner cara de valiente y salir del auto. Nos dirigimos hacia la parte trasera de la iglesia, pero la familia ahora nos quería en los asientos delanteros con los niños. Dejé que Kenneth se sentara junto a su abuela, ya que era el más fuerte en ese momento. Junior seguía en su mundo junto a mí, y Shaniqua se sentó en el regazo de Derrick.

Pidieron a los niños que dijeran unas palabras. Kenneth, que ahora tenía doce años y al que le habían quemado el cordón umbilical y dejado cicatrices en los pies porque el hombre que yacía ahí creía que era ilegítimo, fue el único que se levantó. Recitó el Eclesiastés 3:1-9 de la Nueva Traducción Viviente: "Para todo hay un tiempo, y un tiempo para cada propósito bajo el cielo... un tiempo para conseguir, y un tiempo para perder; un tiempo para guardar, y un tiempo para desechar... un tiempo para rasgar, y un tiempo para coser; un tiempo para callar, y un tiempo para hablar... todos van a un lugar; todos son del polvo, y todos se convierten en polvo otra vez". Estaba muy orgullosa de él. Le había leído ese pasaje muchas veces y ahora sabía que lo entendía. Comprendió que nadie era perfecto.

Cuando terminó, con el orgullo de un hombre irradiando de su esbelto cuerpo de niño, se volteó para mirar a su difunto padre y dijo claramente, casi triunfante:

—A pesar de lo que hiciste, seguiré llevando tu apellido.

Así que, al final, Kenneth fue quien habló en nombre de sus hermanos por su padre. No sabía si sonreír o llorar. Puede que hiciera un poco de ambas cosas. Luego cargaron a Horace para llevarlo al cementerio.

A

Homegoing Celebration

For

Brother Horace Yarbrough Kennedy, Sr.

Sunrise
September 26, 1970

Sunset
September 15, 2007

Saturday, September 22, 2007
12:00 Noon

"The Lord Is My Shepherd, I Shall Not Want"
Psalm 23:1

Gordon Feltus Lazard Cathedral
Church Of God In Christ
8930 Plank Road
Baton Rouge, LA. 70811

Bishop James Earl Gordon
Officiant

Como esa tumba en concreto está en un pantano, tuvimos que enterrar su cuerpo de una forma única, pero normal en Luisiana: no se puede cavar en el suelo porque los agujeros se llenan de agua de la capa freática. Así que construyen tumbas en la superficie para enterrar a los muertos. Las tumbas son grandes comparadas con las lápidas normales, y cuestan mucho debido a la enorme cantidad de piedra que hay que moldear, transportar y erigir. Ese día había llovido en Baton Rouge, así que el suelo del cementerio estaba más mojado de lo habitual. Todos tuvieron que atravesar barro, calor, bichos y más barro con sus relucientes zapatos de iglesia para llegar a la última morada de Horace. Recé una oración rápida para que no me picara ningún animal. Toda la caminata me pareció una metáfora.

No sentí mucho cuando el cuerpo de Horace fue finalmente enterrado. *Cenizas a las cenizas, polvo al polvo.* Te perdono, pensé en la cosa que ya no era mi primer marido, el hombre al que había amado y temido, y que había alterado mi vida para siempre. Dejé a un lado mi orgullo y lo enterré con honor. Ahora estaba libre de él... y a la vez no.

Aunque haya enterrado su cuerpo y ya no pueda hacerme daño físicamente ni a mí ni a mi familia, ahora sé que las cicatrices que dejó en mi alma nunca desaparecerán del todo. Ese tipo de angustia mental y emocional profunda perdura mucho después de que las cicatrices físicas se hayan desvanecido, y tienes que trabajar en ellas, sentirlas, vivir con ellas ocultas en tu interior durante mucho tiempo antes de que, un día, vuelvas a mirar tu dolor y te des cuenta de que el daño es ahora lo bastante pequeño como para que puedas sacarlo a la luz para que otros lo vean y lo conozcan sin que parezca tan aterrador. En ese momento, puedes soltarlo, como cuando abres el puño y dejas que la pluma sucia y arrugada que sostenías se aleje con la siguiente brisa. Es entonces cuando por fin sientes que has pagado el último céntimo que le debías al destino y eres libre.

Hicieron falta más baches en el camino de la vida para procesar los sentimientos que la breve y caótica reincorporación de Horace a nuestras vidas iba a suscitar. Y mientras eso ocurría, surgieron otros obstáculos que me ayudaron a ganar perspectiva. Uno de los cuales casi me mata.

Otra oportunidad

Uno de los gajes del oficio de trabajar como médico de enlace es que siempre eres demasiado consciente de cuánta gente está enferma, herida o muriendo. En 2018 parecía haber más gente de lo normal muriendo de aneurismas cerebrales, o hemorragias cerebrales en nuestra zona. Aunque era consciente de ello, no pensé inmediatamente: *tengo una hemorragia cerebral*, cuando desarrollé un horrible dolor de cabeza.

Acabábamos de entrar en la iglesia para asistir a la conferencia *Woman Thou Art Loosed* en la Potter's House. Al entrar en la zona VIP, me empezó a doler la cabeza como nunca. Una amiga se disponía a acompañarme al santuario cuando lo sentí con más fuerza. Me dolía tanto la cabeza que les pedí que me trajeran un medicamento.

Lo único que podía hacer era orar. Le pedí a Dios que no me provocara un aneurisma.

Empecé a sentirme débil y con náuseas. Me dirigí al baño e inmediatamente empecé a vomitar. Llamé a mi marido.

—Cariño, algo no va bien. No me encuentro bien —mirando hacia atrás, me doy cuenta de que me quedé corta.

Salió inmediatamente de una barbacoa y fue a buscarme.

Mientras tanto, mi amiga me encontró en el baño, y antes de que supiera lo que estaba pasando, una ambulancia estaba allí lista para llevarme a la sala de emergencias porque mi presión arterial estaba por las nubes.

Pero Derrick también había llegado a la iglesia. Él y Christy me subieron a la camioneta. Me desmayé y perdí el conocimiento en los brazos de Christy. Lo único que recuerdo que dijo fue: "Jesús".

En el Hospital Metodista de Charlton me llevaron a hacerme un TAC. Ni siquiera había vuelto a la sala de urgencias que tenían para mí, cuando un médico se cruzó en mi camino. Su mirada me dijo inmediatamente que algo andaba mal. Le pedí que fuera a buscar a mi marido antes de revelarme lo que habían visto en el escáner. Así lo hizo.

—Esto no es bueno —me dijo cuando Derrick estuvo conmigo. —Tiene una hemorragia cerebral.

Mi marido llamó a uno de mis buenos amigos médicos y él acabó hablando con el médico que me atendía, lo que nos ayudó a aclarar las cosas. Casi inmediatamente me trasladaron a otro hospital y me ingresaron en la UCI. Me hicieron otro TAC.

Este mostró una hemorragia. Iban a tener que operarme del cerebro.

Sabía lo que eso significaba: tal vez nunca pudiera volver a hablar con claridad. Podría necesitar algún tipo de fisioterapia. Podría morir.

De hecho, lo más probable era que muriera.

Recé. Derrick oró. Mi familia y mis amigos oraron. Mis hijos no se separaron de mí. Los médicos querían hacerme un angiograma, en el que introducen una cámara diminuta en el interior para ver lo que ocurre, antes de pasar directamente a la cirugía cerebral. Cuando entraron, se dieron cuenta de que la hemorragia se había detenido.

Y sí, creo que lo que ocurrió después es una prueba de que la oración funciona: no solo sobreviví, sino que tampoco necesité cirugía. Permanecí en la UCI algo más de una semana. Los médicos me dieron el alta con inquietud y, lo admito, me fui a casa con cierta cautela. Me tomé unas semanas sin trabajar para descansar y recuperarme por completo, y sin querer, para abrir los ojos. Me sorprendió el número de personas que me llevaron cacerolas a casa, que se acercaron para ver si podían hacer algo para ayudar a mi familia o que nos tendieron la mano para decirnos que estaban ahí si necesitábamos algo. También me sorprendió ver quiénes no hicieron nada de eso.

Tengo muchos "amigos", pero pocos verdaderos. Eso fue algo que aprendí en los días siguientes a mi hemorragia cerebral. Todos esos "amigos" a los que había apoyado y cuidado, por los que habría hecho cualquier cosa, ni siquiera pensaron en cubrirme las espaldas cuando lo necesité. Como las serpientes en la cárcel. Solo que esta gente se creía mejor que cualquier preso.

No dejé que me molestara demasiado. Había una lección más importante que aprender de esta experiencia. Mi cerebro se había curado milagrosamente por sí solo. Dios quería que viviera. Ahora lo sabía. Pero, ¿por qué? ¿Qué iba a hacer con mi vida que Dios consideraba tan importante que sobreviviera al desierto al que Horace me había arrastrado y ahora esto: algo que estaba matando a demasiados jóvenes?

Sabía que la respuesta llegaría algún día. Mientras tanto, me dediqué a ser la mejor Katrina que podía ser. La mejor madre, la mejor esposa, la mejor yo en cualquier actividad en la que estuviera. Y sí, de cierto modo me olvidé de encontrar la respuesta a esa pregunta: ¿por qué me había perdonado Dios?

Entonces llegó el Covid-19 y supe la respuesta. Cada día que entraba al hospital donde trabajaba, donde la muerte parecía estar esperando a todo el mundo, volvía a surgir esa pregunta, tan fuerte que no podía ignorarla. *¿De qué sirvo realmente?* Fue entonces cuando me hundí en una depresión y empecé a tener pesadillas, y Derrick me obligó a tomarme un descanso y despejar la mente.

En casa de mi madre, mientras pasaba un rato en su silla de descanso en el patio, en medio de la paz y la tranquilidad, le pedí a Dios que me guiara.

Dios nos salva a todos por una razón. Sentí que Dios ya me había salvado tres veces: me metió en la cárcel para escapar de la violencia de Horace, me curó una hemorragia cerebral y me mantuvo sana a pesar de estar en la primera línea de los trabajadores médicos durante el Covid.

Me di cuenta de que Él no me había guiado a través de todos esos desafíos para callar lo que había aprendido de ellos. O lo había pasado todo para callarme, o lo había pasado todo para ser una luz que guiara al otro lado. Tal vez, compartiendo mi historia, podría proporcionarle esperanza, inspiración y perseverancia a alguien más. Citando de nuevo a Miles Monroe: "El cementerio es el lugar más rico de la Tierra porque está lleno de potencial insatisfecho". No quería llevarme mis secretos a la tumba. Los había pagado muy caro, y si podían hacerle bien a alguien, que se los quedara. Y puesto que algunas fechas de caducidad llegan mucho antes que otras, como me había enseñado la pandemia, ¿por qué no compartir estos conocimientos ahora? ¿Iba a seguir mi propósito o a guardarme las cosas para mí?

Si una sola persona se anima a seguir adelante debido a mi historia, todo ese dolor habrá valido la pena. He hecho aquello para lo que estoy aquí.

Mi estación, mi propósito, mi historia

Dios trae las estaciones, pero nosotros determinamos cómo las vivimos. Puede que tengas altibajos, como yo los he tenido, pero tienes que vivir en la estación en la que estás, plenamente, sin pedir disculpas. Puede que esta estación viajes mucho. Quizá la próxima no. Quizá esta estación te hagas rico. Quizá la siguiente lo pierdas todo. Independientemente de la temporada en la que te encuentres, depende de ti sacar lo mejor de ella. Depende de ti decir que vas a seguir adelante cuando no tengas ganas de ir o cuando ni siquiera sientas que hay un lugar al que ir.

Ahora la gente me dice mucho: "Ojalá fuera como tú. Tienes una vida perfecta". Pero no saben el precio que tuve que pagar para tener esa vida. Las cosas que tuve que aceptar o perdonar para seguir viviendo. Su adoración me incomoda, porque si conocieran mi verdadera historia, dudo que quisieran vivirla, ni siquiera por una bonita casa y un Range Rover.

Creo que este mensaje es importante: el precio que se paga por una vida que parece perfecta raramente se ve. Las historias reales no se muestran en las redes sociales. A menudo solo proyectamos lo que queremos que la gente vea, lo que creemos que les gustará. Por muchas razones, la verdadera historia de una vida suele quedar oculta.

Pero me he dado cuenta de que es importante que la gente vea tanto el viaje como el final feliz.

Es importante ver a Cenicienta en las cenizas antes de que conociera a su hada madrina.

Es importante ver a Blancanieves comerse la manzana envenenada antes de que la besara su príncipe.

Es importante ver a Caperucita Roja ser devorada por el lobo antes de que ella saliera de su vientre abierto para exclamar: "¡Estaba muy oscuro ahí adentro!".

Es importante porque algunas de las personas que ven esas historias están atravesando su propio desierto, y quieren saber que pueden llegar al otro lado.

Al fin y al cabo, creo que todo el mundo acaba en algún tipo de prisión, ya sean cadenas mentales, físicas o espirituales.

A todos nos frena algo, nos impide ser nosotros mismos. Pero no podemos esperar a que un salvador, un príncipe o una mano divina nos saque de nuestra oscuridad. Nos metimos en ese desierto de alguna manera, y si encontramos una manera de entrar, podemos encontrar una manera de salir de nuevo.

Para mí, liberarme de mi dolor significa ser capaz de contar mi historia yo misma, sin preocuparme de lo que los demás piensen o digan al respecto. Libertad es poder caminar hacia lo que soy hoy. Libertad es poder decir a mis escépticos y detractores: "He sobrevivido".

Eso, para mí, es ser libre.

La vida de nadie es perfecta, incluso cuando todos los signos apuntan finalmente a la fantasía cumplida. Todos tenemos que hacer las paces con las manos que nos han tocado, y tenemos que querernos a nosotros mismos y a nuestros hijos por lo que somos y por lo que son. Incluso ahora, mi vida no es del todo perfecta. Todavía hay aspectos de mí misma y de mi familia con los que lucho entre bastidores. Todavía hay nuevos precios que pagar y luchas que superar.

La lucha por la libertad es interminable.

Depende de nosotros controlar nuestro propio destino. Si otros son los autores de nuestras historias, ¿qué les hace eso? ¿Qué se omite o se malinterpreta? ¿Qué casillas se marcan o se quedan en blanco?

Somos historias, no estadísticas. Debemos escribir nuestras propias historias. Tenemos la pluma, la tinta y el papel. Y así escribimos. Cada capítulo es diferente, y nosotros escribimos la moraleja al final.

Y algo más: las historias de la vida no se quedan igual. Cada capítulo es una oportunidad para añadir una nueva historia al libro. No tenemos por qué quedarnos estancados en nuestras viejas historias, por muchas tristes que escribamos.

Sé de dónde vengo. Sé lo que hice y lo que no hice en mi vida. Acepto plenamente esas partes de mí, esas historias, porque me llevaron a esta página, a esta estación, a este propósito.

También sé que sigo escribiendo mi historia. Ahora dirijo un restaurante de barbacoa con Derrick, y sigo trabajando en el campo de la medicina para ayudarle a cumplir uno de sus sueños. Ahora estoy desarrollando un plan de estudios para reclusas que están detrás de las rejas, apoyando a otras mujeres que viven historias similares a la mía, para ayudarlas a pasar página. Sigo haciendo viajes a México para ver a la familia de mi madre, para no olvidar de dónde vengo y lo lejos que he llegado. No quiero olvidar, en mi cómoda temporada actual, cómo te lo pueden arrebatar todo. Y que, incluso en esos momentos, sigues escribiendo porque, a diferencia de un cuento de hadas, en la vida real siempre hay un capítulo más.

Esa es la belleza de escribir tu propia historia. Cada vuelta de página revela una nueva hoja de papel, limpia y brillante, y misericordiosamente en blanco. Solo cuando escribes dejas una marca, y mientras la mantengas, puedes darle la forma que quieras.

Agradecimientos

Si puedo ser realista, este libro fue muy difícil de escribir. El trauma que surgió al intentar escribir algo que me empeñé en enterrar durante veintiocho años fue extremadamente difícil. He tenido tantos desencadenantes que surgieron al revivir mi pasado, PERO DIOS ESTÁ CON NOSOTROS. Sin Él y las personas que puso en mi vida, este libro no habría sido posible.

A Derrick, mi esposo, mi vida o muerte, mi todo, gracias por amarme como lo haces. Gracias por apoyarme. Gracias por creer en mí. Gracias por cubrirme y, sobre todo, gracias por ser el papá de mis latidos. Soy mejor gracias a ti, y me encanta hacer contigo esto que se llama vida. Gracias por ser la respuesta a mi oración.

En memoria de mi padre, Louis C. Rogers. Ahora lo entiendo. Entiendo por qué tuviste que irte. Odio que no estés aquí. Rezo para que estés orgulloso de mí. Por favor, sigue cuidando de mí, de mi tía y de mis hermanos.

A mis padres, Stanley y Maria Mack, gracias por sacrificar literalmente sus vidas por mí y por mis hijos. Ambos han estado conmigo en cada valle y en cada experiencia en la cima de la montaña. No tengo palabras para expresar lo agradecida que estoy por su amor infinito.

Tony, nunca podré pagarte todo lo que has hecho por mí. No solo has compartido mi viaje conmigo, sino que siempre has sido mi roca.

Gracias por no irte nunca de mi lado, por estar siempre ahí y, por último, pero no por ello menos importante, gracias por ser mi guardián. ¡Lo conseguimos, hermano mayor! ¡Lo hemos conseguido!

LC, gracias, hermanito, por darme tus bendiciones. Te quiero y te aprecio. Todos estamos orgullosos de ti y muy agradecidos de que estés en nuestras vidas. Sigamos haciendo que papá se sienta orgulloso.

Jr, Kenneth, Shaniqua y Janae, ustedes cuatro son mis héroes. Ustedes son la verdadera definición de lo que es la resiliencia. Gracias por seguir queriéndome en mis momentos más oscuros y por no rendirse nunca. Lo doy gracias a ustedes. Gracias por hacerme saber que ganaré si no me rindo. Estoy tan bendecida de que Dios me haya permitido ser su madre. ¡¡Lo logramos!!

A mis hijastras, Dekyra y De'nia, gracias por hacer conmigo esto llamado vida. Nunca olviden quiénes son y de quién son. Recuerden siempre que el cielo es el límite. Las quiero.

A mis Pequeños Latidos (mis g-babies), gracias por traer tanta alegría a mi vida.

Masa, pasamos juntas incontables horas soñando, bailando, llorando y riendo para que nuestros sueños se hicieran realidad veinticinco años después. Vaya... ¡todavía no me lo creo! Gracias por demostrarme una verdadera lealtad.

Christy, gracias por ver algo en mí que yo misma no veía. Siempre te estaré agradecida. Te quiero.

Evangelista Andria, mi mentora espiritual y hermana por más de veinte años, te aprecio más de lo que crees. Gracias por ser mi protectora espiritual. ¡Estoy tan agradecida a Dios por ti!

A mi familia: Connie, Tia, Liz, Alexa, Peyton, Nathaniel, Louie, Cecilia, mis tías y tíos, JC, Lisa, Katrina, Chocka, y Julie, gracias por ser una inspiración en mi vida e impulsarme a ser mejor.

Y por último, a mi equipo enviado por Dios:

Lisa Shiroff, fundadora de Tasfil Concierge Publishing. Ha sido un placer trabajar contigo. Gracias por impulsarme a profundizar y desafiarme a lo largo de todo el manuscrito. Has sacado a la luz una historia que ha estado enterrada durante los últimos veintiocho años.

No podría haberlo hecho sin ti. Tú eres quien ha hecho posible este libro.

Neshe Conley, de NC Public Relations. Estoy tan contenta de haber dicho que sí a la reunión. Tengo la suerte de contar con la mejor directora de SM. Has sido tan instrumental en cada aspecto de Lady K. Gracias por creer en la visión y sentar las bases.

Ron Sanders de Ron K. Sanders Photography. No solo eres un fotógrafo increíble, sino que también eres mi hermano de otra madre. Gracias por estar siempre ahí, por creer en mi visión y por impulsarme a ser más grande.

VV, ¡gracias por guiar mi manuscrito como solo tú puedes hacerlo! Gracias por asegurarte de que no hubiera ediciones, por ser mi cerebro derecho e izquierdo, mientras mantenías mi alegría inculcada en Jesús durante todo este proceso. Estoy tan agradecida de que Dios permitiera que nuestros caminos se cruzaran.

Ron Flanagan, alias Ron el VP, gracias por tomar mi visión y darle vida con su habilidad y talento.

Reyna Joye Banks, CEO y Fundadora de FHG Entertainment LLC, ¡Gracias por tu sí! No tengo palabras para agradecerte que aceptaras mi sueño y lo pusieras en práctica. Lo viste, creíste en él, ¡y el resto es historia! Gracias por ser mi comadrona en la sala de partos.

Y gracias a los lectores beta. Aprecio mucho sus aportaciones.

Sobre la autora

Autora, coach, madre, esposa, oradora motivacional y defensora de la reforma penitenciaria, Katrina Harris tiene la misión de ayudar a las mujeres a aprovechar su potencial, superar la adversidad y asumir su poder para que puedan convertirse en las personas que están destinadas a ser. Cree que cada persona tiene el poder de darle forma a su propia historia y superar sus circunstancias. A través de sus podcasts, iniciativas de divulgación en prisiones y coaching, inspira, educa y motiva a madres solteras, supervivientes de abusos domésticos y mujeres y hombres con una educación difícil para que recuperen su poder y creen una vida que les guste.

Para obtener más información sobre Katrina visita https://www.ladykharris.com/

www.ingramcontent.com/pod-product-compliance
Lightning Source LLC
Chambersburg PA
CBHW021627120626
46545CB00002B/438